森朝男 Mori Asao
古橋信孝 Furuhashi Nobuyoshi

残したい日本語

青灯社

残したい日本語

装幀　菊地信義

はじめに

町に出て行くと、いろんな新しいことばに出逢う。そしてちょっとつまずきを覚えることがある。ファストフードの店頭の貼《は》り紙に「お持ち帰りできます」（お持ち帰りいただけます、じゃないのか）、デパートの特売場で会場整理係が「こちらにお並びいただいて、よろしいでしょうか」（お並びいただけますでしょうか、の方が自然だよ）、パン屋さんで焼きたてを買ったら店員が「袋の口を少し開けておいてあげると冷めますのでね」（開けておいてやると、でいい、パンにまで敬語を使わなくても！）等々。

ことばは生きている。新しい時代が来て新しい気分が生まれると、それに合うことばが見つけ出される。たとえ従来のことばから見たら誤用であったり、乱れであったりしても、時代の空気をうまくつかんだことばは、支配的に使われるようになる。歴史を遡っても、けっこう大昔からそうだったようだから、どれが正しく、どれが乱れか、などということは、決められないと見た方がよい。乱れの中からいきいきと時代を映す良いことばが生まれてくることもある。むしろ乱れはことばの常態だった。人の生活自体が、いつも動いていて混乱の中にあるのだから、当然だ。

それでも、長く使われてきた古いことばは、いろんな時代の多くの人々の思いを映していて、味わいがある。美しいことばもあり、また思わずうなりたくなるような巧みなことばもある。そういうことばは死なせずに残したい。また現在普通に使われていることばも、その歴史をふり返ってみると、時代の変化につれて新しい意味を獲得しながらたくましく生きのびてきたものがある。そういう歴史も大切にしたい。本書では、そのような思いから、未来に残したい日本語九〇語ほどを拾って、その語の背景にある生活や文化について考えてみた。

ことばの選択に当たっては、今日完全に死語になっているものは原則として除いた。本書に拾ったことばには、よく見つめると独特の美しさや力が認められる。それらはきっと、今日のわれわれの生活感覚や言語感覚を問い直すことにも繋がって行くだろう。本書は、失われて行くことばを惜しむものではなく、日本語の歴史と生命力に注目するものである。

著者の二人は日本の古典文学の研究者である。日本語学が専門ではない。二人の関心は、ことばと、それを用いる人々の生活や心、文化や美意識との関係にある。二人の間であまり細かい約束ごとを定めずに、めいめい思いのままに筆を進めた。時に文芸論風になったり、時に文明批評風になったりしている。専門の日本語学者には、おのずから別の見かたもあるであろう。

本書は六つの節に分けた。分けにくいことばもあった。区分はあくまで便宜的なものである。一部の節を除き、各節の中は「いろは」順にことばを並べた。つい先頃までは、箇条書きの記号などにはこれを使うのが主流だった。「いの一番」「(日本語文法)のいろは」などということばもよく使われた。「いろは歌」も忘れたくない(「いろは」の項参照)。また最終節の「さまざまなことば」には、成句などやや特異なことばや、「ことば尽くし」風のものを置いた。

また読者が興味にしたがいどこからでも読み始められるように、書き方を工夫した。

目次

カバー装画は『現代俳句全集』（冨岳本社、昭和二十二年刊）の表紙より転載

1　こころ

厭《いと》う

最近は「嫌いだ」とは言うが「嫌う」とはあまり言わなくなった。「好きだ」とは言うが「好く」と言わなくなったのと並行しているかのようだ。少し古い小説を読んでいると、「私はあの方を好いています」といった類のセリフによく出会う。「食わず嫌い」「人嫌い」「派手嫌い」、「もの好き」「人好き（がする）」「話好き」など、○○嫌い（好き）、という名詞形の使用度が高い。いくらでも作れる。そのせいもあって「嫌い」「好き」という名詞形が習慣化していったということもあるのかも知れない。好き嫌いは誰でも話題にしたい事柄だ。「好きだ」という言い方が支配的になって、「好む」という動詞も廃れた。こちらも「私の好みだ」「お好みの味」など、名詞形ばかりが使われる。

しかし「好く」に比べると「嫌う」の方がまだしも命脈を保っていて、野球の打者が「内角を嫌って外角ねらいに徹する」などといった例は今でも耳にする。この例は、本来の意味からややずれて、二つ以上あるものの中から一つを捨てる、区別・選択の用法である。「夜昼を嫌わず」などというのと同じである。別段いやで嫌っているわけではない。また「きらい」にはいま一つ、懸念、疑念を表す使い方もある。「あの人は協調性に欠けるきらいがある」といったような例である。これはもっぱら難点に対して言うから、根底に好悪の意味の「嫌い」がひそむ。

さて、「嫌う」と意味の重なる「厭う」の方は、逆に名詞形はほとんど発達せずに、動詞として用いられる。

山里に憂き世いとはむ友もがなくやしく過ぎし昔語らむ　（巻十七・一六五九）

（山里に世を厭う仲間がほしい。そうしたら悔い多く過ごした在俗の昔を懺悔《ざんげ》しあおう）

有名な西行法師の歌である。『新古今集』に見える。この語は奈良時代から見えるが、平安・鎌倉時代には、このように「世を厭ふ」という表現例が多くなる。隠遁者の心を言ったものである。

「嫌う」は、その対象に対する気持ちが積極的で強い。嫌って捨てたり、押しのけたりする感じだ。「厭う」の方は逆に受動的で、とても抵抗のできない相手に対し、自分の方から身をかわして避ける語感がある。隠遁者は俗世間に距離を置き、山林に逃れ住む者であるから、世を「厭う」のだ。「世を嫌ふ」と言った隠遁者は見つからない。『源氏物語』には、人・場所・世間などを対象に「厭ふ」と言った例が二十例余り見えるが、「嫌ふ」はほとんど出てこない。奈良時代から明らかに存在していたが、「厭ふ」に比べ、古い時代には多用されなかったらしい。

「嫌ふ」の方は、「悪む（憎む）」までは行かないにしても、やや激しい気持ちを言うのだろう。現代語としても、例えば、営業で何度も売り込みに行った場合、厭われてもしかたがないが、嫌われると滅入ってしまうだろう。その程度の差がありそうだ。「いとわしい」という形容詞の形ができているのも、「厭う」の語感に優しさがあるからであろう。

このおとなしい「厭う」ということばは、最近あまり使われなくなったが、もう少し命脈を保ってほしい気がする。（森）

いとおしい

古語では「いとほし」。「厭《いと》ふ」と同系統の語。「厭ふ」は嫌だと思うものに対して、身を消極的に避けることをいう。類義語の「嫌ふ」は積極的に切り捨てる感じである。

「いとほし」は劣った相手を見て、辛く目をそむけたくなる気持ちの状態をいうのが原義。相手を気の毒に思うことから「かわいそう」の意となっていった。そして、さらにかわいいという意ももつようになった。

日本語の形容詞は、このように、負の感情を逆にした気持ちの表現である場合がある。古典の授業で必ず覚えさせられる「(心)憎し」もそうだ。相手が憎いと思えるほどすばらしいということで、相手を讃める言葉になっている。対象に対して抱く感情が内省的というか、関係のなかでふたたび自分に帰ってくるものだということだと思う。「(心)憎し」は、まず相手を憎らしいと思う感情が湧き、その理由が相手が自分よりすぐれていることから来ることに気づく過程すべてを含んでいるのである。「いとほし」についてもいっておけば、対象をまず嫌だと思い、それは自分の厭う気持ちから来るもので、その状態にある対象を気の毒に思うということになる。このようなことが成り立つのは、心の動きに対して敏感だからである。そして、相手との関係において言葉があるということを深く認識しているからに違いない。日本の文化は、このような心情を元にして成り立っている。だから、たぶん世界でもっとも繊細な文化をもっていた。繊細さを失っていくのは近代社会になってからだ。

西行の歌集『山家集』に、

我のみぞわが心をば愛《いと》ほしむあはれぶ人のなきにつけても

（私のみが自分の心をいとおしいと思う。私をあわれと思ってくれる人がないにつけても）

という歌がある。この歌では動詞形の「いとおしむ」だが、かわいそうと思ってくれるのは他人のはずなのに、自分の心の内をわかって、かわいそうと思ってくれる人がいないから、自分で自分の心をかわいそうと思う、という内容である。訳では「いとおしい」と訳したが、説明としては「かわいそう」としてみた。内容がわかりやすくなるからだが、ほんとうは「いとおしい」のままにしたい。自分の心をたいせつにするニュアンスが含まれていると思わせるからだ。

この歌は、他人との関係において「いとおしい」があることをよくあらわしている。そして、この世において、人は孤独だということもよくいいあらわしていると思う。

西行は出家することで捨てたはずの心の微妙な動きへの関心を捨てていない。和歌を詠むのもそのためであった。

ただし、平安朝末期の工夫を凝らした、象徴的な歌の作り方はしないで、この歌のように、素直に詠むものが多い。こういう歌はある時ふと心に浮かんだものを歌にしただけで、自分の心にだけやさしいわけではない。いいようによっては、歌をもっていることで、こういうふとした想いが表現できたといえる。繊細な文化は、心のちょっとした感情の流れを表現できる和歌という文体をもったことにもよるといえそうだ。（古橋）

わびしい

気落ちしている状態、困っている状態をさす。動詞形は「わぶ」。

「わびし」も「わぶ」も『古事記』や『万葉集』から用例が見られる。『枕草子』から引いてみる。

世の中に猶いと心うきものは、人に憎まれんことこそあるべけれ。誰てふ物狂《ものぐるひ》か、我人にさ思はれんとは思はん。されど自然に宮仕へ所にも、親はらからの中にても、思はるる思はれぬがあるぞ、いとわびしきや。

（世の中にやはりたいそう嫌なものは、人に憎まれることでこそあるようだ。誰という変人が人に憎まれていてもかまわないと思うだろうか、自分が人に憎まれているだろうと思うと嫌だろう。しかし、宮仕えにおいても、親兄弟でも、自然に気に入られる入られないということがあるのが、たいへん悲しい。）

今でもよくわかる感じ方である。『枕草子』には、こういう感想が時々みられる。たぶん宮仕えについては自身の体験に基づいている発言だろう。どういう社会にも、人には好かれる好かれないということがあることが「わびしい」といっている。「悲しい」と訳したが、この場合はそういうニュアンスに当たる。

水上勉に「箒川」（一九八三年）という短編小説がある（『戦後短篇小説再発見』12所収、講談社文芸文庫、二〇〇三年）。青春期に知り合いだった女がずっと気に掛かっており、三十年後に消息を知るという話である。その女の印象を書いている場面に、

琴江が左足をおくらせて歩くけはいの跛行を少しずつ目立たせたのはその秋からだった。

背丈がすらっとしていて、いくらか猫を負って歩く姿は、水商売女としては素人っぽく、知らぬ人なら、どこかの若い細君かと思うぐらいの清潔な感じでもあったから、跛行は、処女林のはなやかだった女給たちのむれる店内の、赤い彩色の中での淋しさとはちがった侘《わび》しさを感じさせた。

とある。斎藤琴江はキャバレー処女林に勤める女給だった。同じアパートに住み、それなりに親しく口をきく仲で、恋人ではない。「跛行」の原因は幼い時の火傷で、結局そこが癌になって亡くなることになる。「猫を負って」というのはいわゆる猫背だろう。少し背を丸めて、やはり足を少し引きずって歩いている姿が「侘しさ」を感じさせて、主人公の「私」には気になったのである。

「淋しさとはちがった」といっているのも何となく分かる。「淋しさ」は心の問題だが、「侘しさ」は心だけでなく身体から滲み出る雰囲気である。

青春期にこういう体験をけっこうもっている人が多いのではないか。「侘しさ」が惹きつけるのである。琴江は芸者の置屋に養女に出され、傷む足にもかかわらず厳しい稽古を課せられるのに耐えられず、若い頃家出する。人生から落ち晩れた雰囲気があるのである。「侘しさ」とはそういう雰囲気だ。猫背と跛行はその象徴だった。（古橋）

片恋《かたこい》

一方の側からだけ恋することをいう。

『万葉集』から見られる語である。

大夫《ますらを》や片恋せむと嘆けども醜《しこ》の大夫なほ恋ひにけり　（巻二・一一七）

（りっぱな男が片恋をするものかと嘆くが、やはり情けない男は恋してしまうのだな）

男が片恋に悩むなんてという歌である。『古今和歌集』にも一首あるので引いておく。

心がへするものにもが片恋は苦しきものと人に知らせむ　（巻一一・五四〇）

（心を取り替えられるものであったらな。片恋は苦しいものだとあの人に思い知らせてやりたい）

自分の恋する人に片恋の辛さをわからせてやりたいという歌。心を取り替える「心がへ」という発想がおもしろい。

『万葉集』には「片恋嬬《かたこひづま》」という語も見える。柿本人麿の明日香皇女の挽歌で、

……ぬえ鳥の　片恋嬬　朝鳥の　通はす君が　……　（巻二・一九六）

と、妻の皇女を亡くした夫のことをいっている。人麿の造語と思うが、さすがにうまい。なお、ツマは片一方のことで、結婚している夫婦の両方ともツマである。「いたいけな」の項で引いた「想夫恋」も「夫《つま》を想ふて恋ふ」である。

片思いで苦しいことを「片苦し」という。『蜻蛉日記』庚保三年（九六六）の、賀茂社に詣でたときの歌に、

榊葉のときはかきはに木綿四手《ゆふしで》や片苦しなる目なみせそ神

（木綿四手を奉納して永遠にと祈る、どうか私だけに辛い想いをさせないでください、神よ）

とある。夫は摂関家の藤原兼家で身分が違う。それに正妻がいる。『蜻蛉日記』の書き手はけっこう辛い想いをしている。この語も他にみたことがないから、この書き手が作った言葉かもしれない。男女のことで相手が自分とまったく同じ想いであることはありえないのだから、必ず気持ちのずれは起こりうるのだが、『蜻蛉日記』を読む限りでは、書き手の願いはわからないこともない。これもうまい言葉と思う。

「片思い」という言葉も『万葉集』から見え、同じ内容といっていい。平安期以降「片思い」が一般的になる。今も使う。学生と話していたとき、「両思い」という言葉を初めて聞いた。「片思い」があるのだからあっても当然に思えるが、文献で見た記憶がない。その学生だけでなく、別の学生にも聞いたから、若い人たちの間では普通の言葉に違いない。「片思い」から最近できた言葉ではないか。

「片心」「片隅」「片田舎」「片言」「片割れ」など、「片」のつく言葉はけっこうある。「片田舎」は片隅である田舎ということである。中央つまり都が成立することでできた言葉だ。

ツルゲーネフの小説の翻訳である二葉亭四迷『片恋』（一八九六年）がある。（古橋）

かなしい

「かなしい」は対象に対して胸がしめつけられるような心の状態をいう。高校の教科書に載っている、『万葉集』の東歌の、

　多麻川に曝す手作りさらさらになんそこの児のここだかなしき（巻一四・三三七三）

（多摩川に曝した手作りの布がさらさらと音を立てるが、その音によって喚び起こされてさらにさらにあの子がこんなにいとしいことよ）

がわかりやすい例だ。かといって、現代語の悲しい意がなかったわけではない。大伴旅人の、

　世の中はむなしきものと知る時しいよよますます悲しかりけり（巻五・七九三）

という歌もある。悲しい場合もいとしい場合も「かなし」といったのである。

　私を沖縄八重山の新城《あらぐすく》島の来訪神が登場する豊年祭《プーリ》に繰り返し誘ってくれた、若くして奄美の加計呂麻島で植物を採集中に崖から転落死した植物民俗学の玉置和夫さんが、八重山に行った時には必ず何泊もする平得《ひらえ》の民宿の田底のおばさんに「カナさん」と呼ばれていた。自分の息子のようにいとしいというのである。カナは「かなし」の語幹で、恋人にもいう。カナシャ（カナ者＝いとしい人）という言い方もする。

　八重山の川平《かびら》の節《シツ》（一年を区切る祭）に登場する来訪神マユンガナシのことは書物で知っていたが、それが私が直接耳にした活きている「カナ（シ）」との出会いであった。この玉置さんは

人柄もよく、穏やかでやさしく、人なつっこく、そしてよく気のつく男で、カナさんと呼ばれるのがよくわかる。そして、亡くなって心に切々と悲しく思われ、やはりカナさんだと、妙なことを思ったものだった。

近世中期の北条団水『日本新永代蔵』（一七一三年）に、「昔より、悲しき時は身一つといふことを書いて、ふだん向かひて観ずべし。若きうちはかやうの事、なかなか合点ゆくものにあらずと、長者たち詞もっともなり」と締め括られる話がある。

「悲しき時は身一つ」は、困った時は孤独で、自分一人しか頼りにならないという諺だったらしい。若い頃はなかなか理解しがたいが、この諺を書いて壁にでも貼って、いつも眺め、この世のことを考えろということになるだろう。

井原西鶴『日本永代蔵』にしろこの『新永代蔵』にしろ、経済的な面から人を書いているもので、町人の態度や覚悟をいうにふさわしい諺と思う。しかし、私はもう少し人生に引きつけてみたい気がする。死ぬ時は一人だし、恋人に死なれても一人だ。誰も同じ気持ちになって理解してくれることはできないし、たとえ同じ気持ちになってくれたところで、慰められるわけでもない。そういう意味で、「悲しい時は身一つ」と現代語にして、肝に銘じておきたい諺として、復活させたいと思ったりする。（古橋）

かこつ

ひところまでは野球の実況放送で、「暫く貧打をかこっていた○○選手、久々の快打です」などという言い方を聞いたものだが、最近は聞かなくなった。

「かこつ」は平安時代にできたらしい。漢文の訓点資料の中に「誣」の訓読として「かこち」と出てくる。「誣」は、いつわる、無関係なものにかこつける、という意味の文字だから、「かこつ」は物事の原因を何かに求めて、口実にしたり、言いがかりをつけたり、他人に不平や愚痴を言ったりすることを意味したらしい。恨み言のことを「かこと」「かごと」などといった。これの動詞形が「かこつ」である。「かこつける」という語も、「かこち付ける」からきている。

平安の物語や和歌では、自分の不幸の原因を他人や他のことのせいにして恨むことが、そのまま嘆きのかたちになったような例がよく見える。有名な例は『百人一首』の西行の歌である。

嘆けとて月やはものを思はするかこち顔なるわが涙かな

（嘆けと月が物思いをさせようか。なのに月のせいのようにして私は涙を流すことだ）

月は風情のあるもので、しみじみと感情を刺激し、人を寂しくさせたり悲しくさせたりした。特に恋をする人には、切ない恋ごころを一層刺激し涙を誘うものだった。

『源氏物語』（桐壺）には、こういう場面がある。光源氏の母桐壺更衣《こうい》は、桐壺帝の並はずれた寵愛を受ける。そのために他の女御・更衣たちから妬まれ、その苦しみがもとで若死にをする。

死んだ直後、更衣の里では娘を亡くした母が、深い悲しみにくれていた。帝はそれを見舞うために靫負命婦《ゆげいのみょうぶ》という女性を使者として遣わす。折しも野分《のわき》が来てにわかに膚寒くなった秋の初めである。命婦は到着して一歩門を入ると、喪の家特有の寂しい気配がさっと迫ってくる。そこで更衣の母は尽きぬ悲しみを命婦に語るのだが、とうとう夜更けになって命婦が立ち去る時、二人は歌を詠み交わす。命婦が「庭の鈴虫のように声の限りを尽くして泣いても涙の尽きない夜長です」という意味の歌を詠むと、更衣の母が

いとどしく虫の音しげき浅茅生《あさぢふ》に露置き添ふる雲の上人《うへびと》

（ますます虫の声の増す荒れた家に、さらに露（涙）を添える雲の上からのお使者よ）

と詠み、「かごとも聞こえつべくなむ」（恨み言もお耳に入れてしまいそうです）と言う。

この部分は『源氏物語』の数ある情緒的な場面の中でも特に優れた表現になっている。「もののあはれ」とはこういうことかと思わせられる。ここでは嘆きが「かごと」（恨み言）になっている。人に愚痴や恨み言を言うのは、当時の嘆きの一つのかたちだったのである。

平安時代の貴族階層においては、嘆きや悲しみに浸れる人は、情緒ゆたかな、品格の高い人とされていたらしい。感情生活というものが尊重されたのである。右の場面では、更衣の母の歌は相手への恨み言ながら、あなたを相手にしみじみと語り合えた、という感謝にもなっている。恨み言を言うのも美しい感情生活として是認される、という文化があったことになろう。

今日では、嘆いてばかりいる人は好かれないが、人の悲しみに深い同情を寄せ、話をよく聞いてくれる人は貴重だ。人情をだいじにするのは、長い伝統を持っているのである。（森）

そらごと

空しいこと、根拠のない嘘。

「こと」に「そら」がついている形だが、この形は多くある。「そらいびき（嘘寝）」、「そらおぼえ」「そら頼み」など。直接的に「そらぞらしい」もある。

空は天の空だが、空虚などの漢語によって、内容のないという意をもつようになったと思われる。

私の関心は「そらごと」が文学概念の虚構に当たることにある。最近は虚構という言葉をあまり聞かなくなったが、文学にとって虚構は重要な概念である。『蜻蛉日記』の序文に、

ただ臥し起き明かし暮らすままに世の中に多かる古物語のはしなどを見れば、世に多かる空《そら》言《ごと》だにあり、人にもありぬ身の上まで書き日記して、珍しきさまにもありなん。天下の人の品高きやと問はん試しにもせよかし、とおぼゆるも、過ぎにし年月頃のこともおぼつかなかりければ、さてもありぬべきことなん多かりける。

（ただ起き臥し明かし暮らすままに、世の中に多くある古い物語をみると、世によくある嘘ばかりある、それもそうなのだが、まして人並みではない自分の身の上を日記に書くなどというのは、おかしなことだろう。世の中の人が身分の高い人たちがどのようであるのかと問う場合の例にすればと思われるものの、過ぎてきた年月がはっきりしないので、日記として

ふさわしくないことも多くあるだろう。）

とある。つまり物語は「そらごと」で書いてあり、事実と違うから日記を書こうといっている。しかし、日記でありながら、『土佐日記』と違って、日付をおって書いていくわけではない。つまり事実をそのまま書くのとは違う。では『蜻蛉日記』は何を書こうとしたのだろうか。事実そのままではないが、書き手にとってほんとうのことだろう。それは真実と言い換えることができる。

それを受けて、『源氏物語』の作者は「蛍」巻で、物語は「そらごと」が書いてあるが、できごとをそのまま書くのではなく、実際に感じたことを大げさに書いたりしており、真実が書いてあると、物語を擁護している。「そらごと」によってこそ真実が書ける。だから「そらごと」は近代文学の虚構の概念に当たるわけだ。『源氏物語』は『蜻蛉日記』を受け継いで、文学の本質である虚構に気付くことで、物語文学を歴史を超える作品にすることを可能にした。

文学は、作者が体験するなかで考えてきたことが基本になっている。しかし、それを自己満足ではなくするために虚構が必要なのである。それは普遍化という作業になる。誰でもがそうに違いない、そう思うであろうように書くのが普遍化する虚構という方法なのだ。登場人物の一人一人がそう思う必然性として書いていかなければならないわけだ。

物語の「かたり」は最初からそういう要素をもっている。「語り」は「騙《かた》り」でもある。しかし物語は真実である。（古橋）

懐かしい

昭和二十年代に「懐かしのメロディ」というラジオの歌謡番組があった。「歌は世につれ、世は歌につれ」の名句は、その番組の司会者のナレーションにあったものだったろうか。歌はまさしく時代とともにある。歌を聴くとその時代が思い出されて懐かしい。その後「なつメロ」ということばもできた。現代語の「懐かしい」はもっぱら、過ぎた昔や昔なじみの人が慕われる思いを言う。しかしこの語は奈良時代から存在し、『万葉集』に二十例ほど見えるが、今日の意味に近いものはわずかで、花や鳥の声、風景などが慕われることを言っている。

春の野にすみれ摘みにと来し我そ野をなつかしみ一夜寝にける　（巻八・一四二四）

（春の野にすみれを摘みに来た私は、野が慕われて、そこに一夜寝たことだ）

山部赤人の春の歌である。山野に生きる素朴な生活を脱却した平城京都市人の、野への思慕を詠んでいる。まるで野が恋人か何かのようだ。「なつかし」は、幼児が人を慕う場合などにいう動詞「なつく」から出た形容詞である。

平安時代には、さらに心引かれる好もしい人、その人の行為や持ち物などを評することばにもなった。『源氏物語』（須磨）には「なつかしうめでたき御けはひ」（慕われる素晴らしいご様子）といった例が見える。『源氏物語』には人物の描写に用いた例が多い。慕われる素晴らしい人、憧れ心を誘う人を言ったのである。今日のような用法は中世にならないと出て来ない。

フランスの作家プルーストの『失われた時を求めて』という長編小説は、主人公が、自分の幼少青年時代を、周囲に起こった事件やそれに伴う自分の意識の動きとともども、あたかも分秒刻みに克明に記述する。小説を書き続けることが、まるで失われた過去の自分の生を再現するかのようだ。大江健三郎には『懐かしい年への手紙』という小説がある。手法はプルーストとは異なるが、これも主人公が自分の少青年時代を詳しく記述しながら、それと対話を交わそうとするような小説である。この小説の題目には「懐かしい」ということばも見える。過去を蘇らせることは、今の自分の時間を乗り越えて、自分の全体を根源から回復するかのようだ。もしかすると神話・物語・小説・演劇などは、みな失われた故郷のような、現実とは別の夢幻的な時間を作りだし、そこに鑑賞者を誘い込んで同化させるものなのかも知れない。主人公が生きる時間を通して、我々は偏頗な枝葉に過ぎない一人の生、「現在」でしかない小さな時間から解き放たれ、別な生や時間の広がりを体験するのだ。それが小説や演劇から与えられる感動であろう。

我々は他者や過去の失われた時に慕わしさを感じ、それに融合したいという願望を常に持っている。分断された個別的な存在である個々人は、いつも欠乏を抱え、何やらつかめないが、ある種の全体性を回復したいと無意識裡に欲している。「なつく」「懐かしい」は、そうした我々、不確かな存在の、根源的な融合願望・合一願望を映し出していることばなのではないか。山部赤人の右の野を慕う歌の心にも、野生への回帰・合一の願望がひそんでいるように思われる。人は自然から離れようとしてきた動物であるから、我々の身体の中には、自然に対して隔たりを置こうという心と回帰したいという心とが、いつも矛盾しながら共存しているのだ。（森）

うとましい

動詞では「うとむ」。嫌な事態に対して無関係で避けたいという気持ちをあらわす。最近は「嫌いだ」、「嫌だ」ばかりになっているおかげで、薄っぺらくなった気がする。「うとましい」はなんとなく内省的な内容を含む気がする。『徒然草』百三十四段を引いてみる。

「高倉院の法華堂の三昧僧、某の律師とかやいふ者、ある時、鏡を取りて、顔をつくづくと見て、わが容貌の醜く、あさましきことをあまりに心憂く覚えて、鏡さへうとましき心地しければ、その後、長く鏡を恐れて手にだに取らず、さらに人に交はることなし。御堂の勤めばかりに会ひて、こもりゐたり」と聞き侍りしこそありがたく覚えしか。

(「高倉院の法華堂の三昧僧、某の律師とかいうひとが、ある時、鏡を取って顔をつくづくと見て、自分の容貌が見にくく、ひどいことをあまりに嫌になって、鏡さえうとましい気がして、その後、長く鏡を恐れて手にも取らず、まったく人に交わることもなかった。御堂のお勤めでだけ人に会って、他は籠もっている」と聞きましたが、たいそうありがたいことだと思った。)

兼好はこの某律師をほめている。「我を知らずして、他《ほか》を知るといふ理《ことはり》あるべからず。されば、己を知るを物知れる人といふべし」(自分を知らないで他人を知るという道理があるはずがない。自分を知る者こそ物を知る人というべきなのだ)というのである。

自分を知ることが考えることの基本だと思う。しかし、この律師は自分の醜さを知って、鏡を見るのも嫌になり、人との交わりも断ってしまったというのは、今にしては何かおかしい。容貌の醜さは受け容れるべきものなのである。といって、恥ずかしいという想いはある。私は普通の容姿だとは思うが、格好いいというわけでもない。高校生の頃、登校時間ぎりぎりに自転車で走り込むのだが、登校する生徒をかき分けるように走っているとき、女生徒の目が気になって恥ずかしくてならなかったのを覚えている。これは自意識である。大げさにいえば、自分の存在そのものが恥ずかしいのだ。

そう考えると、律師の行為はわかる気がする。仏教ではこの世は仮の世である。この世に存在していることそのものが恥なのかもしれない。

そこまでいわなくても、自分を考えることは内省することである。この頃しばしば思わされるのだが、大学はきちんと考える場であったはずなのに、世の動きに右往左往していて、物を考える場ではなくなりつつある。たとえば、受験生の減少につれて、大学がつぶれるというような恐怖感にあおられて、教員が企業の営業と同じことをやらされ、いや進んでやるなど、企業の論理が浸透している。それにともない、学生に合わせる授業になり、学生に根本的に考えることを身につけさせることもしなくなっている。学生も私のように、考えさせることを基本とする授業を避けるようになった。知の価値が軽くなったのである。

そして、私はそういう大学がとてもうとましくなっている。（古橋）

うらさびしい

なんとなくさびしいというニュアンスの言葉。

「うら」は裏側の裏で、心の中のことをいう。「うら」は浦という語もあり、隠《こも》っている感じがある。いうならば心に隠った想いをいうと考えてみる、なんとなくさびしいというより、もう少し重いように思える。「占《うらな》い」の「うら」もそうだ。占いからいえば、隠れた真実ということになろう。そこで、なんとなく原因がはっきりわからないさびしさとれば、根元的なさびしさをいっているといえるかもしれない。「うらがなしい」も同じ系統の言葉。

これらは『万葉集』に見られる言葉で、古くから日本の文化が心のなかにこだわるものであることが確認できる。

一九七〇年代、沖縄の久高島に、最後になってしまったイザイホーを見に行ったとき、当時琉球大学の教官だった関根賢司氏の骨折りで泊めていただいた地元の八十代のお爺さんが「心かなしい」という言い方をしたのがとても新鮮だった。一人暮らしでさびしかったことがあったのだろうが、想いのこもった言葉に聞こえた。

文学の発生を知りたくて沖縄の宮古、八重山の村々を歩き回り、祭を見たりしながら、村の人たちから話を聞いていて、いつも感じたのは情の濃さだった。それは、村落の人々の結びつきの濃密さとかかわって感じられた。祭のさまざまな表現が、長い時間をかけて作られてきた美しさをもつのはそれゆえと思われた。いわば、個人の表現ではない、共同体の表現の美しさを実感することになったのであった。

今になって思えば、東京生まれ、東京育ち、といって郊外の勤め人の近代的な家庭に暮らしてきた私には、共同体の表現とでも呼べるものが目新しかったからかもしれない。

そして、自分の心と言葉との間のずれを意識してしまったため、私はずっと真実の言葉を求めていた。文学に関心をもったのもそれゆえである。それで、私はあまりしゃべらないか、あるいは必死に自分の心に感じていることをいおうとするかであった。年をとってゆとりができたせいか、最近では、むしろ嘘の言葉である冗談ばかりいっている。学生には、口先の言葉はいうなと繰り返しいっているが、それも含めて、学生に心と言葉との関係を考えさせたいからである。だから、学生には、中途で止める言い方、「……という感じ」などの言い方ではなく、きちんと話させるようにもしている。はっきりいえることは明確にしてこそ、言葉でうまくいえない心の真実の重さに気づくのだと思う。

日本語の文化はこの言葉と心の乖離を知っていた。和歌形式はその形にすれば心が通じるという表現の技法であった。それゆえ、真実をいうために「そらごと（空言＝虚構）」を方法化して『源氏物語』のような高度な物語文学を生んだ。

近代になって、都会的な生活が全体を覆うようになり、「うらさびしい」はなんとなくさびしいというような都会的な感性の、雰囲気を醸す言葉になっていった。（古橋）

おぞましい

「おぞし」という形容詞があった。気の強い、強烈に恐ろしい、嫌だ、愚かだというような内容である。その変化形である「おぞまし」は、「つべたし（冷たし）」が「つべたまし」、「あらし（荒し）」が「あらまし」に変化するのと同様である。

平安中期の歴史物語『大鏡』に、

その宮には心おぞましき人のおはするにや。一品の宮の御裳着《もぎ》に、入道殿より、玉を貫き、岩を立て、水を遣り、えもいはず調ぜさせ給へる裳、唐衣を、「まづ奉らせ給ひて、中にも取り分きおぼしめさむ人に賜はせよ」と申させ給へりけるを、「さりとも」と思ひ給へりける女房の賜はらで、やがて、それ、嘆きの病つきて、七日といふに亡せ給ひにけるを、などいとさまで覚え給ひけむ。罪深く、まして、いかにもの妬みの心深くいましけむ。

（その宮には恐ろしいところのある人がいらっしゃるのでしょうか。一品宮の御裳着（成人式）の時、入道殿から、玉を貫き、岩を立て、水を流し、何ともいえないほど美しく新調なさった裳や唐衣を、「まず宮がお召しになって、その後お側にお仕えなさっている中でも取り分け気に入っていらっしゃる人に賜はせなさい」と申し寄こしなさったのだが、「いくら何でも私はいただけるだろう」と思っていらっしゃった女房はいただけないで、そのままそのことで病になって、七日目に亡くなりなさったのを、何でそれほどまで思い込んでしまったのでしょうか。罪深く、ましてどんなにもの妬みの心が深くいらっしゃったのでしょう。）という場面がある。注釈書は「我の強い」と訳しているが、「心に恐ろしいところのある人」と取りたい。もらえると思い込んでいてそうならなかったからといって、病気になり亡くなってしまうというのは、「我の強い」からでは通じない。普通の感覚では理解できない不気味な感じがあると思う。この場面は、「おぞましい」にはそういうニュアンスがあることを示した話ではないか。

悔しいと感じるところから病んで死ぬところまでには飛躍がある。その飛躍は誰でもがするものではない。そこにはわけのわからないところがある。したがって、「おぞましい」は人の心のわからなさを意識したものだと思う。この人の心の不可解さは、熱い約束をしながら心変わりしてしまう心にも通じていよう。『古今和歌集』の恋の歌は最初の恋心を訴える歌を除けばほとんどが心変わりの歌といっていいほどである。自分が心変わりしていないことを訴え、相手が変わったことを非難したり、相手の想いが浅いことを非難したりといった具合である。これは一概に恋の状況をあらわしているわけではなく、相手を非難し合いながら互いの愛情を確認していくという方法でもあるのだが、このようなあり方はやはり心変わりを前提にしていると思える。人の心はわからないが根底にあるのである。

それにしても、「おぞましい」という言葉は音自体が「おぞましい」と感じられてしまう。あまり口にする場面に出会いたくない言葉ではある。（古橋）

こころもとない

自分のした仕事に対する世間の反響がなかなか見えて来ない。このやり方をずっと続けて行ってもよいのかどうか分からない。そんな状態が「こころもとない」だ。自分のやり方に確固たる自信が持てない状態である。また頼りにする人や物が乏しい時の不安も、このことばで表す。財布の中身や貯金の残額が底をついてきた時は、まことにこころもとない。「こころもとない蓄え」などと言ったりする。

このことばはけっこう古くから存在する。古典語では「こころもとなし」という。意味は少し幅が広い。『枕草子』には「こころもとなきもの」という段があり、待ち遠しくいらだたしい例を十五ほど列挙している。「遠き所より思ふ人の文《ふみ》を得て、かたく封じたる続飯《そくひ》などあくるほど」（遠方から心に思う人の手紙が来て、堅く封じた糊付けを開ける間）、「人の歌の返しとくすべきを、え詠《よ》み得ぬほど」（人から贈られた歌にはやく返歌すべきなのに歌ができない時）などといったものであるが、さらに、居ることを知られたくない人が訪ねてきて、そばの者に、不在だと言えと教えて言わせた時、だとか、気分が悪く、あたりの様子がなんとなく恐ろしいような時の、夜が明けるまでの間、だとかといった例もあげられており、待ち遠しいだけでなく、待つ間のはらはらする心をも表しているようだ。

平安時代には、待ち遠しくいらだつ意味で用いられることが多いが、現代語の意味に近い用例もすでに見えている。『栄花物語』には「御ところあらはしなど、心もとなからずせさせ給へり」（御結婚披露など、しっかりとさせなさった）と見え、『源氏物語』（帚木）には「墨付きほのかに心もとなく思はせつつ」（手紙の墨付きもうっすらとほのかで、たよりなく思わせつつ）と見える。ともに、頼りない、おぼつかない、の意である。

「こころもとなし」の「もとなし」は、本が無い、という意味であるらしい。根や基盤を失って、不安定な状態にあることをいうのであろう。「こころ」の付かない単なる「もとなし」という形容詞は古典にも見えないが、「もとな」という副詞が『万葉集』にたくさん見える。「白露《しらつゆ》の消《け》ぬがにもとな思ほゆるかも」（白露がはかなく消えるように、命も絶え絶えな状態で、しきりにあなたのことが思われるよ）、「ひぐらしのもの思ふ時に鳴きつつもとな」（ひぐらしが、私の物思いをしている時に鳴いて、やたらに切ない）といったぐあいに用いられている。沈静さを失って、感情や気分がむやみに高ぶる状態を表現しているように見える。

『万葉集』の「もとな」は感情の高まりを表現しているようであるが、平安時代になると、この「もとな」という語はほとんど使われなくなる。代わって「こころもとなし」が登場する。それは万葉集の「もとな」に比べるとむしろ穏やかで微妙な心の揺れを表すものになっている。そこにも細やかな心を捉える平安時代の、奈良時代とは違った感受性が表れているようだ。しかし、ともに揺らぎやすい人の心をいう点では、両者は類似する。人の心は、理性では説明のできない動きをする。わけもなく怖くなったり、不安になったりする。「こころもとない」は、安定しない我々の心を細やかによく捉えたことばである。（森）

ここち

「居ごこちがよい」とか「川の音が耳にここちよい」などと、今でも言うが、使われる範囲は限られてきているようだ。「住みごこち」「座りごこち」「履きごこち」など複合語の用例が多く残り、「ここち」を単独に用いることが少なくなった。しかし昔は単独でしばしば用いた。『伊勢物語』には、美しい姉妹を垣間見た男の心の動揺を、「ここちまどひにけり」と言っている。『源氏物語』（桐壺）には「草も高くなり、野分にいとど荒れたるここちして」（草も高く茂り、嵐でますます荒れた感じがして）とも出てくる。

「こころ」が、感情だけでなく、もっと深い持続的な思想や愛を表すのに対して、「ここち」は時々の瞬間的な気分、心持ちを表す。右の『源氏物語』の例では、嵐で荒れた感じがする周囲の様子を言っていて、現代語の「感じ」「気分」などに似ているが、それよりは少し重みがある。風景や話相手や伝え聞いたうわさなどから、人は様々なものを感じ、気分を変える。このことばはしたがって最も具体的な心の動きを言っている。平安時代の文学には、このことばがたくさん出てくる。それだけ情緒や気分を大切に描こうとしていたのである。「あはれ」や「をかし」といった情趣を大切にし、また何となく沈んだ心を表す「うら悲し」「うら寂し」「もの悲し」などといった気分をよく表現するのも、これと繫がっている。昔の人たちは情緒や感性をとりわけ大切にしてきたのである。これは伝統かも知れない。

「人ごこち」ということばがある。怖い思いや苦しい思いを経験した後に、ようやく本来の気持ちを取り戻した状態を言う。「人ごころ」ということばが人間らしい情愛（人情）を言うのに対して、「人ごこち」は人間の普段の平常な気持ちを言う。生きたここち、正気である。このことばには、人は生き物であり、生きている人は生きていることに伴う気分や感性を有している、という昔の人の人間観や生命観が表わされている。人間には五感があって、周囲のものを見たり聞いたりしながら、いろいろなものを感じ取り、その時々の気分を心に宿している。これが生きているということなのだろう。

同時にまた、このことばには、人は穏やかな環境の中にあって、気分や感性が快適な状態に保たれなければ、正常には生きて行けないものである、ということも示されている。狂気になったり、ゾッとするような恐怖を体験するのは、昔は、悪い霊に取り憑《つ》かれた結果と理解されていた。病に罹《かか》って苦しむのもそうである。「人ごこち」の反対側には、魔物や悪霊や、場合によっては神に寄り憑かれたときの異常心意、異常な身体情況が想定されていた。

「人ごこち」と反対のものに、いま一つ「夢ごこち」「夢見ごこち」というものがある。夢を見ているような気分である。衝撃的なことに見舞われ現実感覚をなくしたり、美しい景色を見て陶然とした気分になることである。よく使われることばだ。人には心という不思議な働きをするものが備わる。それを大切にしてきた昔の人の思いが、このことばにはこもっている。（森）

あわれ

現代語では、「あわれ」は、かわいそうだ、みじめだ、みすぼらしい、などといった意味で用いられる。しかしよくよく観察すると、例えば母親の死に際して、それをよく理解できない幼児が、母は生きているものと思って屈託なくしている姿が、見る者の胸に「あわれを誘う」などと用いられる例があって、これなどは単に、かわいそうだ、という意味には収まらないニュアンスを持っている。ままならぬ人の世にいつでも起こりうる、感情を刺激する事態に、胸を揺り動かされているのである。人には感情があり、人の世にはその感情を刺激する事や物がしばしば現れる。そのときに「ああ」とか「あは」とかいった感嘆が口をついて出る。その「あは」が古典語「あはれ」の源である。「あわれ」とは、その人間らしい感情（人情）に浸っている状態、あるいはその状態を引き起こす原因を指したことばなのである。

この人の感情、人情というものを豊かに持ち合わせた人は、他人にやって来た幸福や不幸を思いやることができる。そういう人は優れた心と人格を持った人であり、人情を知らない非情な人は品格のない人だとする価値観が平安時代にできた。あわれを知る人と知らぬ人である。こうしたところから、日本人独特の道徳観も育ってきた。人情はまた美しい花や寂しい秋の空などによっても動かされるから、あわれを知る人は自然の動きの機微にも敏感な、風趣を弁えた人でもあることになる。人情を持った人は品格ある人であり、また風流な人でもあったことになる。

「もののあはれ」という語がある。平安時代の歌や物語にはよく出てくる。種々の物事にまつわる情趣・気分・感情を指すが、男女が愛情を交わすこと、つまり恋愛そのものをも言った。過去の恋愛関係を「過ぎにしもののあはれ」と言った例が、『源氏物語』（朝顔）に見える。恋をする人は最も深くこまやかな人間の情を知り、また恋をしている人の心は、自然の美しさや寂しさにもひときわ鋭敏に感応する。人の心の移ろいやすさや信頼の大切さも分かる。したがって恋を知る人は人間としての品格がある人であり、風流な人であることになる。平安時代の貴族たちのこの意識が、恋愛を肉欲的なものから優美で情緒的なものに高めたのである。また和歌は、恋愛感情を読む恋の歌と、その感情を持ちながら四季折々の風情に深く感じ入る四季の歌を中心に詠まれた。和歌に詠まれる心の基本は「もののあはれ」だったと言ってもよい。

江戸時代の国学者、本居宣長は、いくつかの源氏物語論のなかで、源氏物語の本質はこの「もののあはれ」にあるとした。そして儒教的な倫理観に縛られた「からごころ」（中国人の精神）に対し、ありのままの人情に即した、優しい「やまとごころ」（日本人の精神）がそこにある、と述べている。宣長の主張は「からごころ」（中国人の精神）に対抗する意識が強く、幾分割り引いて受けとめる方が良いかも知れないが、当たっているところもある。中世の武士たちも、和歌などの貴族文化を学ぶことによって、「あはれ」の精神に追随しようとした。結果的に「あはれ」は日本人の伝統的な美意識や価値観の根本になった。

一方、武士は、勇敢で名を重んじ命を惜しまぬ心意気を、「あっぱれ」な心として讃えた。この「あっぱれ」も「あはれ」の変形で、もともとは感動詞である。（森）

さかしら

「賢《さか》し」に接尾語「ら」がついて名詞化した語。

『万葉集』の大伴旅人「讃酒歌」に、

あな醜《みにく》賢《さか》しらをすと酒飲まぬ人をよく見れば猿にかも似る　（巻三・三四四）

（ああ醜いよ、利口ぶって酒を飲まない人をよく見ると猿に似ているかな）

があり、あまりいい意味に用いられていない。この「讃酒歌」は、中国魏晋南北朝期の俗世を嫌って生きた、いわゆる竹林の七賢をモデルにしたもので、日本では人生を楽しむことを詠んだ最初の歌といえる。この例は中国の思想が政治的、科学的な面だけでなく、知への興味などにも及んでいたことを示している。古代国家が確立し、都市的な生活が始まっていたのである。旅人は中国の書物の読書によってこういう歌を詠むようになった（古橋『誤読された万葉集』新潮新書、二〇〇四年）。

「さかしら」はそういうなかで成立した言葉と思われる。つまり、知が現実的には無意味な面をもっていることを知ることによって、こういう批判や非難、あるいはからかいが成り立つわけである。

しかし、利口ぶって威張っている人は好きにはなれないが、そういう態度をとってみることはそれほど悪いこととは思えない。若い頃、読んでもいない本を読んだような顔をし、読んでもよく分からなかった本を分かったような顔をして、友人と話したことがある。そういう体験をもっている人はけっこういるのではないか。後で、読んでいない本を必死に読んだり、友人の評価や読み方をまねて読んだりしていく。そうやって高みを目指してきたのだと思う。要するに背伸びをすることで、自分を成長させてきたのである。

ただし、若い頃の気張りとし許されるだけで、やはり「さかしら」は好きではない。

「小賢しい」という言い方もある。『十訓抄』という説話集に、『枕草子』の、主人の所へ客が来てなかなか帰らないのを、女房が聞こえよがしに「夜の更けたる、雨の降りげな（夜が更けてしまった、雨が降りそうな）」などというのは主人も劣ってみえるという話を引いて、「女房に限らず、主の対面の座席にて、従者の小賢しく、さし過ぎたるは、いと見苦しきことなり（女房に限らず、主人が誰かと対面している席で、従者が小賢しく出過ぎているのは、たいそう見苦しいことだ）」といっている。

この場合、主人も早く帰らないかと思っているとかってに想像してつぶやいたのだろう。「小賢しい」という言い方がぴったりだ。それが主人の気持ちを代弁しているなら、「小賢しい」とはいわないだろう。

今は身分制社会ではないから女房、従者ということはほとんどないが、使用人、また妻が小賢しいことをいうと、主人も恥ずかしいと思うのは変わらない。「小賢しい」は小生意気というような言い換えができる言葉。「小」がつくと、身の丈に合わないといった少し侮《あなど》ったニュアンスになる。（古橋）

もったいない

マータイさんのお蔭で、日本語の「もったいない」は世界に知られ、日本でも見直されることになった。いつの間にやら私たちは無駄をあまり気にかけないようになってしまったが、それでも心の隅にはこの感覚が残っていて、この語もよく使われている。

私の祖母は幕末維新の貧乏士族の娘で、小学校を終えるとある宮家に奉公に出された。九十歳まで生きたが、私は子供の頃、物を粗末にするとこの祖母にひどく叱られた。何しろ食事の後、家族めいめいの皿に醤油の使い残りがあるのを嫌った。醤油は少なめに少しずつかけろ、と言われた。米のとぎ水は桶に溜めて食器洗いに使い、さらにそれを庭の植木や花に撒いた。万事そういうふうだったが、昔は誰でもそうだった。私の親戚筋には、蚊取り線香は、長持ちさせるために一度水にくぐらせてから火をつけろ、と親に言われた人もいる。

祖母のお蔭で私も、もったいない精神が身についた。いまだにいただき物の包装紙や、新聞の折り込み広告の裏の白いものはもったいなくて、程よい大きさに切りそろえて電話口のメモ紙にする。在職中は授業の簡単なメモ紙にもした。それを見ながら話をしていると、前の方の席の学生がおもしろがって覗き込んだ。

「もったいない」という語は「勿体」「物体」などと字を当てる「もったい」という古語に打ち消しの「ない」がついたものである。「もったい」とは人の態度や品格がものものしいことを意味する。「もったいを付ける」「もったいぶる」などといえば、ことさら尊大な態度を見せつけることである。品物を意味する「物体《もったい》」という語があるから、それが語源かも知れない。もったいぶる人はいやらしいが、どんなに身分の差のない平等な社会になっても、力量や人格の格段に優れた人には自然に頭が下がり、自分は足元にも及ばないと思うから、序列や分限というものはあり続けるだろう。自分より高い人から鄭重に扱われたり、過分な親切や評価を受けた時に、その人の態度をもったいのない態度だと思い、その扱いを、自分のような分際に対して、もったいないものだと思う。これが「もったいない」の本来の意味であり、中世にすでに用例が存在する。今でも「私ごときにもったいないお褒めをいただいて…」などと言うことがある。

それが転じて、自分の分限も弁えずに贅沢に物を使うこと、さらには一般的に、まだ使える物を捨てたりすることへの反省を言うことばになった。それがいわゆる「もったいない」である。それゆえ「もったいない」ということばには、自分の分限をひかえめに見る慎しみや、気ままな欲望やおごった心を抑えようとする自省心がひそむ。そこにこのことばの味わいがある。

日本人は長いあいだ廉潔《れんけつ》（私欲少なく清らかなこと）をたしなみとしてきた感じがある。貧しかったからというのは見方として一面的だ。先日アメリカへ行って、グランド・キャニオンの雄大な景色を見たり、広大な砂漠に生まれた大都市ラス・ベガスの夜景を見たりしながら、ふと思った。狭隘な国土に生きてきたゆえに、我々は簡素で、無駄を切り詰めたものの中に美を見出し、小さいものの中に無限を見つけるといったような思考法を、知らず知らずに育んできたのではないか、それは単なる貧しさということとは、少し違う問題ではないかと。（森）

せつない

胸がしめつけられるような気持ちをいう。
用例としては中世後期以降に見られる。漢語に「切々」があり、平安期に用いられている。『和漢朗詠集』「秋」の「虫」に載せられている白楽天の詩に、

切々たる暗窓《あんさう》の下　喓喓《えうえう》たる深草の中　秋の天の思婦《しふ》の心　雨の夜の愁人の耳

（暗い窓の下、深い草の中で、秋の虫があわれ深く鳴く。秋空に遠くにある夫を思って泣く妻の心、雨の夜に来ない恋人を待ち愁う人の耳に、虫の声は何を語りかけるのであろう。）

と用例が見える。胸に染みいる虫の声を「切々」といっている。この「切々」は中世初期の和文に見られる。紀行文学『海道記』に「適《たまたま》の下向なれば、遊覧《ゆらん》の志、切々なれども」と、鎌倉に下ったのだから「遊覧」したい気持ちが強くあることをいう例、鴨長明編といわれる『発心集』巻二の、ある聖が、尼にあいたいといっている人がいるから来てくれと「切々に」頼まれる例などある。あわれさはないが、心に深く感じるニュアンスはある。

この「切々」から、状態を示す接尾語の「なし」がついた「せつなし」という語が成立したに違いない。こういう新しい言葉は口語として始まったと思われる。用例が語り物の幸若、浄瑠璃、謡曲などに見られる。語り物は口誦の言葉であるから、口語に近接した。そして、近世の浮世草子などに使われ、定着した。

あの、

山路を登りながら、かう考へた。
智に働けば角《かど》が立つ。情に棹させば流される。意地を通せば窮屈だ。兎角《とかく》に人の世は住みにくい。

という書き出しで有名な夏目漱石『草枕』（一九〇六年）に、鄙びた温泉宿の若いお上について、いろいろ空想する場面があり、そこにこの言葉が見える。

余と銀杏返しの間柄にこんな切ない思《おもひ》はないとしても、二人の今の関係を、此詩の中に適用《あてはめ》て見るのは面白い。

朝うとうとしているところへ、お上が入ってきて起こされる。不思議な女と思って、朝食の時に女中にいろいろ尋ねる。そして英詩を思い浮かべるのである。要するに恋の想いを「切ない思」といっている。旅は日常を離れさせ、恋を幻想させる。

内容から通じるのは先に述べた「かなし」である。今は「悲しい」になってしまったが、本来は対象に対して胸が切々としめつけられるような気持ちを表現している。沖縄では、恋人を「カナシャ（思うだけで胸が締めつけられるような人）」というし、神に対しても、たとえば芭蕉の神を「芭蕉ガナシ」という。古代日本語の「かなし」が活きている例である。

現代は胸がしめつけられるような想いを抱かなくなっている時代かもしれないが、現実をリアルに感じるのも訓練ではないかと思う。その意味でも、「せつない」想いを抱く心をみつめたい気がする。（古橋）

2　ひとのすがた

いわけない

子供っぽく、頼りない状態をいう。子供っぽいの他に、いじらしい、かわいらしいなどの意になろう。

平安期からみられる語だが、語源はわからない。こういうことばは古語では「いはけなし」と表記したくなるが、それでいいかもわからない。

『源氏物語』「若紫」は、病の休養で北山に入った源氏が、後に紫の上と呼ばれる少女を見出す話だが、その少女を若紫と呼べば、少女時代だけ、「いわけなし」の用例がいくつか見られる巻である。源氏が覗き見をしていて若紫を初めて見る場面。若紫が保護者である尼君に、顔を赤くして泣きながら、「雀の子を犬君《いぬき》が逃がしちゃったの、伏籠《ふせご》の中に捕まえておいたのに」と訴える。

面つき、いとらうたげにて、眉のわたり、うちけぶり、いはけなくかいやりたる額つき、髪ざしいみじううつくし。

（顔つきがたいそういじらしく、目元はほんのりしていて、あどけなく髪をかき上げた額のようすはたいそうかわいらしい）

と、源氏は見ている。原文が「いはけなく」なのでそのまま引いた。この平安時代には発音はワになっている。逆にワと発音していても元は「は」か「わ」かわからず、「は」と表記する場合が多かった。「うつくし」がかわいいの意であることは、「いつくしむ」の項で述べる。「らうたげ」もかわいいである。

身近にいる小動物を捕まえる遊びは子供にとって普遍的だ。この子供像は平安後期の短編物語『堤中納言物語』に納められている「虫めづる姫君」に受け継がれる。普通の女の子は蝶をもてはやすが、虫をもてはやす姫君を主人公にすることで、特異な物語となった。そう考えると、蝶ではなく、雀の子なのは、若紫も特異な子であったことを示しているかもしれない。いやそうではなく、自然に育った子は雀の子に興味をもっても不思議ないから、普通の子が教育によって蝶をめでる子になるということを、『源氏物語』の書き手はいいたかったのではないか。源氏はいわば染まっていない子を手に入れたのである。

このようにして、源氏は若紫を引き取り、思い通りに育てて妻にするのだが、乳母子《めのとご》（乳母の子。同じ乳で育つわけで、兄弟のように親しくなり、何でも相談できる関係にある）の惟光《これみつ》にその子の調査をさせる。惟光は心の内では「さばかり、いはけなげなりし気配を（あんなに幼いようすをしていたのに）」と思っている。若紫は子供っぽい女の子だった。

子供のかわいさの言い方は「いわけなし」「らうたし」「いたいけな」「うつくし」とたくさんある。これは子供をたいせつにする文化をもっていたことを意味している。

「いわけなし」は「いわけ＋なし」と考えれば、「いわけ」の対義語に当たるのは「およすげ」になる。「およづけ」ともいう。「老ゆ」の他動詞形の連用形だが、この形しか用例はない。（古橋）

いたいけな

「いたいけ」から派生した語。見ると心が痛むほど愛らしく思われる状態をいう。「いたきけ（痛き気）」の音便という。かわいらしい、可憐なといった内容。

要するに「痛し」を元にした語のわけだ。「痛い」が身体だけでなく、心の表現であることから、こういう語が生まれた。「いたいたしい」「いたましい」「いたわしい」もそうだ。日本語は心の表現に敏感である。論理より情の側に傾いている。

「いたいけない」は「いたいけ＋ない」。こういう「ない」は「せつない」などの「ない」と同じで、性質、状態をあらわす形容詞、形容動詞の語幹などについて、形容詞を作り、その程度がはなはだしいことをあらわす。対象に対して胸が痛くて痛くてたまらないくらいいとしいという内容になる。だから、弱々しいまでいかないでも、健康優良児には向かない。

こういう語は弱い者へのいたわりに繋がる。現代は弱者を守ることが社会的な強制力をもち制度化されているが、気持ちの問題として考えるほうがいい。私は強制されたり、禁止されたりするのが嫌いだ。規則や禁止は少なくかんたんなほうがいいと思っている。場面場面でどういう心、気持ちを抱くかが重要なのだ。

高校一年の国語の教科書に載っていた、『平家物語』の「小督」に古い用例が見られる。平清盛を憚って、内裏から姿を隠した小督を天皇の使者が訪ねる場面である。長いが引いてみる。

亀山のあたり近く、松の一むらある方に、かすかに琴ぞ聞こえける。峯の嵐か松風か、尋ぬる人の琴の音か、おぼつかなくは思へども、駒を早めて行くほどに、片折戸したる内に、琴をぞ弾きすまされたる。控へてこれを聞きければ、少しも紛ふべうもなき小督殿の爪音なり。楽は何ぞと聞きければ、夫を思ふて恋ふとよむ想夫恋といふ楽なり。さればこそ、君の御事思ひ出で参らせて、楽こそ多けれ、この楽を弾き給ひけるやさしさよ。ありがたふおぼえて、腰より横笛《やうでう》抜き出だし、ちっと鳴らいて、門をほとほとと叩けば、やがて弾き止み給ひぬ。高声《かうしゃう》に、「これは内裏より仲国が御使に参って候ふ。開けさせ給へ」とて、叩けども〳〵とがむる人もなかりけり。ややあって、内より人の出づる音のしければ、うれしう思ひて待つところに、鎖《じゃう》を外し、門を細めに開け、いたいけしたる小女房、顔ばかりさし出だいて、「門違へでぞ候うらん。これには内裏より御使なんど給はるべき所にても候はず」と申せば、なかなか返事して、門閉てられ、鎖さされては悪しかりなんと思ひて、押し開けてぞ入りにける。

特に「峯の嵐か松風か、尋ぬる人の琴の音か、……」の七五調べの調子のよさに心を動かされ、民謡の黒田節がこの部分を引いていることに気づき、驚いたのだった。今にして思えば、『平家物語』の広がりに初めてふれたのである。私は情に動かされやすい性格だから、むしろ情に訴えられるのは嫌いだった。だから、実はこういう場面はあまり好きではなかったのだが。

「いたいけしたる小女房」は可憐なようすをした幼い侍女くらいの訳でいいだろう。この場にふさわしい。（古橋）

いき

昭和の大ヒット曲「お富さん」は、「いきな黒塀、見越しの松に　あだな姿の洗い髪…」と始まる。ここには「いき」「あだ」という、ちょっと古いことばが登場する。「あだ」は漢語「阿娜」で、女の容姿のしなやかで美しいこと、やや俗化して、色っぽい、こと。一方「いき」の方は、嫌味がなくさっぱりした姿、垢《あか》抜けした風体を言う。この歌では塀の様子を言っているが、一般には男女の容姿や心持ちを言う。江戸時代の後期、上方に代わって江戸の町人文化が形成される過程で発達した美意識の一つである。「あだ」はもっぱら容姿について言われ、官能的な美しさであるが、「いき」は容姿だけでなく、心の持ちようを含めた人物全体を言う場合が多い。したがって精神的な面があり、容姿を言う場合にも人格を反映した美しさを言う。

年末になると私の住む街でも、街角のちょっとした空き地に正月の門松なんぞを売る、急ごしらえの店ができる。どこの店で買ってもよいのだが、たまたま寄った店の年かさの女将さんが、妙に気《き》っ風《ぷ》が良くて値段を思い切って負けたり、またご縁があるように、と五円玉を一枚くれたり、子供連れで行くと、あめ玉をいくつも子供のポケットにねじ込む。その一々のやり口に、一種の気合いのようなものが感じられて、不思議な人だなと思い、毎年その人の店で買う習慣になった。十数年も続いたろうか。ある年から姿が見えなくなったので別の場所の別の店にした。その新しい店で去年までのことを話すと、中年のはっぴ姿の女性が、「それは多分うちの母だと思います」と言う。偶然に驚いた。聞くと江戸っ子で日本舞踊や長刀《なぎなた》を永くやってきた人だという。多分大勢の若い衆をさばく職人の頭領のお内儀のような人だったのだろう。

こういう人が少なくなった。私はその人を「いき」な人だと思った。実の娘さんかお嫁さんか分からぬが、その新しい店でも「いきなお母さんだね」と私は言ったと思う。人情や度量があり、太っ腹で、気持ちがさっぱりしている。これが江戸の町人の伝統なのだろう。男の風体を言う場合が主であるが、女にもいきな人は居る。

この語はもともと漢語の「意気」から来た。「意気揚々」「意気軒昂《けんこう》」などの「意気」である。初唐の政治家魏徴の詩には「人生意気に感ず　功名誰か復《ま》た論ぜん」（意気に感じて人生を送ろう、手柄などは論じまい）とある。心意気、気概、である。

日本でも古くから同じ意味で用いられた。『万葉集』には学芸に優れた人格高潔な男たちを讃えて「風流意気の士」と言った用例が見える。ある宴席に集まった文芸趣味のある貴族階層の人々を評して言った用例である。高い精神性や教養を備えた貴公子を、風流な人とか意気の人と言ったのである。同時にそういう人は容姿も風格があったり、美しかったりして人目を引く。『万葉集』にはそうした男子の一人を「容姿佳艶、風流秀絶」と評した例も見える。武士の時代が来ると、「意気」は武将の凛々しい心や態度を言うようになった。

江戸時代になると、例えば藤本箕山《きざん》の『色道大鏡《しきどうおおかがみ》』には、「心の清きをいきよしといひ、心のむさきをいきのわるきなどいふ」（心の清らかなのを、意気がよい、と言い、心の汚いのを、意気がわるい、という）とあって、気性や気風を意味するようになる。特に後期の江戸町人たちの文化の中で、「いきで人柄がよくて」（浮世床）、「いきな美しいお内室」（春色梅児誉美）などと、人柄を形容する形容動詞的な用例が表れる。「お内室」はお内儀のこと。これはこの時代の美意識を表すことばになり、男女の人柄だけでなく、家や道具のしつらえ、音曲、模様、図柄などを評することばにもなった。「粋」という漢字を当てるようになったのは、「いき」と並んで当時もてはやされた価値観を表す語に「すい」があり、両者の繋がりが意識されたからであろう。「すい（粋）」はもともと純粋・生粋《きっすい》なことであるが、芸道や遊里の事情に精通していて、そうしたことに対し野暮ったくなくふるまえる人を評して言った。そういう人は、いきな人でもあった。しかし「すい」は人物を評して言うものであり、「いき」のように家のしつらえやこしらえ物に対しては言わないところが違っていた。

「いき」には日本人独特の処世観や人間観がひそみ、また美意識がひそむ。傍らの人の目に良く映る生きざまが、日本人の最も好む人間像の理想であり、そうした人格を持った人の、良い趣味が反映されたふるまいや持ち物が愛された。処世観や人間観だけでなく、そこに道徳観念さえ存在しているところがあるのは、「いき」な姿勢を貫くのには、緊張した精神力が必要でもあったからである。いきな人だと他人に思わせるには、時にはつらい我慢をしたり、なけなしの所持金をはたかなければならない。江戸っ子が気前はいいが、見栄えばかり気にして痩せ我慢をする人間たちだと評されるのも、そこに原因がある。

それでも、「いき」はなかなか良いものだ。「いき」ということばも「いきな人」「いきな心」も、なくなって欲しくない。なお「風流」の項も参照されたい。（森）

いじましい

せせっこましい、けちであるといったニュアンスの言葉。

この言葉が好きなわけではないのだが、私は、人間は誰でもがいじましかったり、ずるかったり、嫌な面をもつと考えている。今はどうかはっきりしないが、しばらく前、「自分らしさ」みたいなことがいわれ、たとえば、悩む者にそういう負の性格を「お前らしくない」と励ますことが流行った。そうすると、負の自分は否定されるべきことになり、正しく、美しく生きることを自分に課すことになる。聖人君子でもあるまいし、とても息苦しい。そこからいえば、負の自分を意識すれば自分ではないわけだから、多重人格的になってしまうのではないか。自己分裂してしまうだろう。負の部分は誰でももっているのだから、それもすべて自分なのだと認めるべきなのだと思う。そうしないと、他人の気持ちも理解できないはずだ。ただ、認めることと居直ることは違う。やはり自分の嫌なところは直すようにすべきだろう。

そんなことを考えていて、講義でそういう話をしたら、聴講生として受講している中年の女性から、「先生、いじましいって、今の子は知っているかしら」といわれた。私は慌ててしまう。意味が通じないことを話していたことになる。そこで、研究室に訪ねてきた学生に「いじましいという言葉を知っているか」と尋ねてみることにした。ほとんどの学生はいじけるという言葉があるから、なんとなくわかるという。ただ、使ったことがないのはもちろん、聞いたこともないようだ。

たとえば、高校生の頃、電車の切符をなくし、改札口で再び買わなければならず、どこそこから乗ったと少し近めの駅をいって、いくらだか得したと思ったことがあった。なくしたことをひどく損したという想いがそういうことをさせる。元の損もたいしたことはないのに。そして一方で、そういう自分をひどくいじましく惨めったらしく、嫌だと思い、落ち込んでしまう。

しかし、額が違うからといって、少しでも得をしようと思うのは投資にしろ、商売にしろ同じである。だから、いじましいと惨めに思うことはないのかもしれない。ということは、私の性格なのかもしれない。ちなみに私は投資もしないし、商売もしない。まったく関心がないのだ。そういう誘いの電話をもらい、関心がないというと、そんなことはないでしょうといわれることがままある。自分がそうだといって、他人もみんなそうだと思っているのかといいたくなるが、そんなことをいっても時間のむだだから、忙しいからと電話を切る。

年をとってきて、ますますそういうことはたいしたことではないと思うようになった。いじましさやずるさなどを感じる事態に自分を置かなくなったのである。それはほとんどのことにこだわらなくなったことを意味している。老いてくると、死の方から考えたり、感じたりするようになるからだろう。その意味で、若い頃は自分にこだわりすぎていたのかもしれない。(古橋)

はなやぐ

はなやかなさまをいう。「はなやか」の動詞形。

「はなやか」は『万葉集』から見られる。

紫のまだらのかづらはなやかに今日見し人に後恋ひむかも　（巻一二・二九九三）

（紫のまだら染めのかづらをはなやかに着けた、今日見た人がこれから恋しくなるのだろうな）

たぶん成女式（女の成人式）で頭にかづらを着けるのだろう。女のもっともはなやぐ時である。男たちはその女たちを見て、この女を自分の妻にしようと思う。そういう女の美しい姿が忘れられないという歌である。

一昨年亡くなった歌人前登志夫の『子午線の繭』（一九六四年）に、

夕闇にまぎれて村に近づけば盗賊のごとくわれは華やぐ

という一首がある。前は吉野の村に生まれ、同志社大学に進学したが、中退して吉野の村に帰り、短歌を作り、一生を終えた。若い頃には現代詩も作っている。

一九六〇年代は日米安全保障条約改訂を巡る闘争を経過し、新左翼が活動し始め、全国学園闘争に向かう時期であった。いうならば、戦後が見直され出した時代である。そして、批判の対象にされてきた日本の習慣、習俗、文化などへ目がむけられ出した時代である。この短歌は密かな決意をもって村、つまり民俗社会へ下りていこうとしていることを詠んでいる。しかしながら、そういう決意をもって回帰することは、村を犯すことでもあるだろう。この歌は「交霊」と題された第三章の冒頭に置かれている。「交霊」には、村と交感し、村の始源に回帰することで社会、そして自分を再生しようというモチーフが感じられる。

このモチーフは一九七〇年代に鮮明になった。一九七〇年の安保条約改訂を政治的焦点としつつ、六〇年代末に全国学園闘争が戦われ、そして敗北していくなかで、どのようにして社会を変えていったらいいのかという問題が抱えられ、民俗社会への関心が深まっていったのである。それは社会の原像から考えていこうという動きと考えてみればいい。

最近評判になった小熊英二『１９６８』（二〇〇九年）の捉えられなかった問題である。小熊は一九六八年に始まる学園闘争を政策のレベルでしかおさえていない。掬い上げなければならないのは常に思想の問題である。膨大な資料を整理し組み立てていった努力と才能には感心するが、社会や思想についての考察が抜けている。学園闘争は政治レベルでは学園をよくしようというものだが、学生たちを動かしたのは戦後社会に対する漠然とした不安、不満であった。

その意味で、引いた前の歌は一九七〇年以降の思想を詠んでいるといってもいいほどだ。この「華やぐ」は、「盗賊のごとく」を受けて秘められた行為に昂揚する雰囲気と覚悟をよく表現している。

そして私もまた、文学や社会の原型が知りたくて沖縄の村々を歩くことになったのだった。けっこう深刻で楽しんでいたわけではないが、「華やい」でいたと思う。（古橋）

はしたない

慎みがなく、見苦しいさまをいう。「はしたない行為」などと使う。「はした」に「ない」がついて形容詞になった。「はした」の語源はわからないが、充分でないことをさす。「はした銭」などという。

「はした」のおもしろい例が『竹取物語』にあるので、引いておく。倉持皇子はかぐや姫の婿になるための難題として蓬莱《ほうらい》の玉の枝を課せられた。皇子は「心たばかり（策略）」のある人で、出かけたふりをして、密かに職人に作らせた玉の枝を持って行き、この玉の枝を手に入れた苦労話をしていると、職人たちが労賃の請求に来て、ばれてしまう。その時の皇子のようすは、

皇子は立つもはした、居るもはしたにてゐ給へり。

（皇子は立っているのもいにくく、座っているのも身の置き所がなくいらっしゃった。）

というものだった。嘘がばれてどうしていいか分からない状態をなかなかうまく表現している。

『枕草子』に「はしたなきもの」として、

こと人を呼ぶに、われぞとさし出でたる。物などとらする折はいとど。自づから人の上などうちいひ、そしりたるに、幼き子供の聞きとりて、その人のあるに言ひ出でたる。あはれなる事など人の言ひ出で、うち泣きなどするに、げにいとあはれなり、など聞きながら、涙のつと出《い》でこぬ、いとはしたなし。泣き顔作り、気色ことになせど、いとかひなし。

（別の人を呼んだのに、私かと出て来た時。物などを差し上げる際はことに。なんとなく人の噂をして、悪くいっていると、幼い子供が聞いていて、その人がいる前で言い出した時。あわれなことを人が言い出して、ちょっと泣きなどするとき、ほんとうにかわいそうだなどと聞きながらも、涙が出てこない場合はたいそうきまりが悪い。泣き顔を作り、ようすをそれらしくするのだが、効果はない。）

などと書き出している。なかなかいい例を出していると思う。気まずい思いをする場面を活き活きと書いている。『枕草子』はこういうところがいい。というより、近代社会のわれわれに通じる心の動き方を書いている。それは清少納言だけでなく、当時の貴族社会がわれわれと同じような感じ方をしていることの多い社会だったからだ。摂関体制は、天皇に娘と結婚させ、その男子が皇位につくことで権力を掌握したが、また上流貴族に中流貴族の娘が、中流貴族に下流貴族の娘がというように、いうならば私的な繋がりを中心に成り立つ社会だった。

「はしたない」はもちろん負の側の言葉である。いいことの言葉もいいが、普通いいことはあまりない。悪いことのない状態がいい状態と考えるのがいいと思う。かつての社会はそうだった。何事もないのが幸せと考えていた。だから、「はしたない」ことをしないようにすることで、平静な状態が得られ、それが幸せと感じられるようになればいいわけだ。その意味で、私は「いじましい」「いたわしい」など負の側の言葉を多く取り上げている。そういう状態は誰でもがもつものだから、それを認め、なるべくそうならないようにしていけば、心の安寧がもたらされる。われわれにとって最も問題なのは心のあり方だからだ。（古橋）

ときめく

よい時節にあって、声望を得る意と、胸がどきどきするの意がある。「時」に「春めく」などの「めく」がついた語で、「春めく」を春らしくなると言い換えるのと同じに言い換えれば、「時らしくなる」となり、時節にふさわしくなるという内容になる。したがって前のほうの意が元だと思う。と同時に、「春めく」は春そのものになっているわけではなく、春を期待できる時節をいっていると考えると、期待している状態としての表現にもなるのではないか。これが合っているかどうかは別にして、言葉をこのようにいろいろと考えてみるといい。

ドキドキの「ときめく」は、古典には「ときめき」しか見えない。『枕草子』に「心ときめきする物」として、

雀の子飼。稚児遊ばする所の前渡る。よき薫《た》きものたきて、一人臥したる。唐鏡のすこしくらき見たる。よき男の、車とどめて案内し問はせたる。

（雀のこを飼う時。幼児を遊ばせている所を通る時。よい香りのお香をたいて、一人で横になっている時。少しくもっている鏡で顔を見る時。いい男が車を止めて案内を乞うている時。）などを挙げている。「ときめき」は名詞で、「ときめきする」と動詞形になっているから、「ときめく」の連用形が名詞化して「ときめき」になったのではないかもしれない。さらに『枕草子』では他にも用例があるが、すべて「心ときめき」と「心」がついている。

『枕草子』の挙げる例の三番目は、一人で幻想に入っている状態をいうか、男の訪れを待つかどちらかだろう。

古典では時節にあうほうの用例が多い。『源氏物語』の冒頭、

いづれの御時にか、女御、更衣あまた候ひ給ひけるなかに、いとやんごとなき際にはあらぬがすぐれてときめき給ふありけり。

(何時の時代のことだったか、女御、更衣が多くお仕えしていらっしゃるなかに、とりたてて高貴な身分ではないけれど、たいそう帝の御心を得ていらっしゃる方がいらっしゃった。)

がそうだ。帝の寵愛をうけているから世にときめいているわけだ。

ドキドキの「ときめく」は近代にあらわれる。尾崎紅葉『多情多恨』(一八八六年)に、

極《きまり》の悪い時、言出し難《にく》い時、指環を拈《ひね》りながら其を瞶《みつ》めるのは、お類の癖であつた。其の謂はれぬ可愛《かはゆ》らしい様子をば、葉山の妻に見せられやうとは、甚麼《どんな》事にも思設けなかつたから、柳之助は殆ど其人のお種であることも、恐くは自分の柳之助なることも忘れて、心のみ怪しげに衝跳《ときめ》いた。

という例がある。葉山が留守の家に、友人の柳之助が夜遅く訪ねてきた場面である。妻のお種が困って応対している。その時の柳之助の心理を書くのがこの場面の意図だと考えていい。

この時代、口語体で書くことが要求されていた。心を書くには口語体が必要だったのである。なんとか内面を書こうとしていた。そのとき、こういう微妙な場面が設定されたに違いない。書き手の意図が察しられておもしろい。(古橋)

だて

心意気のあるところを見せようと、思い切って派手にふるまうことを「だて」という。「だて衣装」など、故意に人目を引くような服装をいったりもする。主として男がすることで、そういう男を「だてもの」「だて男」などという。男らしさを見せようと、弱きを助け強きをくじくふるまいや、それをする人を「男だて」ともいう。「だてや酔狂でもそんなことはできない」ともいうから、「だて」は少し無理をして心意気を見せること、見栄を張ることでもある。

このことばは、「隠しだて」「かばいだて」「賢《かしこ》だて」など、ものごとをあえてすることを意味する接尾語が独立したもので、語源は「立て」にある。横のものを立てるのは力の要ることであり、あえて人目につくようにすることでもある。また「伊達」と表記されることも多い。

しかし「だて」は無理にかっこうをつけるだけでなく、心の持ち方や趣味がいきで、さばけていることにも言う。逆に粗末な着物をさっぱりと着こなしている様を「だて」だ、と言った例も江戸時代の文章の中に見えている。これは「だて」に精神的な意義を認め、批評的な心を以て、あえて粗末な中に真の「だて」があると見たのであろう、そのあたりの意味も大事にしたい。この語は江戸時代の町人の間で生まれたものであるが、彼らの闊達で気前の良い生き様が伝わってくるようなことばだ。（森）

つれない

素知らぬさまをいう。「連れ＋無し」で、二つの物事に関係がないことをいうのが本来の意。古くから見える語である。『万葉集』にすでに用例がある。

秋の田の穂向の寄れる片寄りに吾はもの思ふつれなきものを　（巻一〇・二二四七）

（秋の田の穂が片方に寄っている。それと同じに、私はあなたに片寄りになって辛い想いをしている。あなたがつれないのに）

「秋の田の穂向きに寄れる」までは、「片寄り」を喚び起こす序詞《じょことば》である。だから比喩とは違い、現代語に訳しにくい。この場合は平行関係に訳してみた。自然の状態が自分の心の状態を呼び起こしていると考えるのがいいかもしれない。

恋歌で「つれない」といわれる場合、自分の想う相手が自分の気持ちをわかっていながら知らぬふりをしていると考えていいと思う。したがって、相手を非難する歌になる。しかし、ほんとうは自分を思ってくれない相手にいくら自分の気持ちを訴えてもだめなわけで、歌の場合、普通相手を非難していても、通じているという前提があるようだ。

松尾芭蕉も、『おくのほそ道』（一六九四年）に、

あかくと日は難面《つれなく》もあきの風

（夕陽があかあかと照って残暑は厳しいが、吹いてくるのは秋の風である。）

という句がある。この「つれなく」は、秋という季節に対して、夕陽が関わりなく照りつけているということを表現している。自然に意志があるかのような言い方である。日本語の文学にはこういう表現のしかたは普通にみられる。それにしても、この「日はつれなくも」はこの句全体の着想の中心にある言葉である。和歌や俳句という短詩は、しばしばそういう言葉を見出すとおもしろさが増すし、また作り方がわかる。

しらぬふりする顔を「つれな顔」という例が与謝野晶子の歌集『舞姫』（一九〇六年）にある。

彼の天をあくがれ人は雲を見てつれな顔しぬ我に足らじか

自分を最高と思って欲しいのに、恋人はつれない顔をして雲を見上げている。私に満足していないのだろうかという内容で、自分だけを見ていて欲しい恋の心理をうまく表現している。このように、与謝野晶子は恋における女の心理を素直に詠んだものが多い。それが大胆と見える場合があった。

私自身もあまりこの言葉を使わないが、ちょっとしたところへ一緒に行こうと誘って、断られた場合、「つれないな」といったことがある。あまり深刻な場面ではない。普段使わないから、冗談っぽくいったわけだ。そういえば、冗談っぽい例として「ツレション」があった。（古橋）

つつましい

控えめなようす。

最近は「つつましい」態度をもっている人が減ってきた。自己主張が強くなってきたと感じる。かといって、主張が筋の通るきちんとしたものとは限らない。むしろ自分勝手な論理である場合が多い。必ずしもそうでなくても、周囲との関係を考慮していない。それはやはり自分勝手と大差ない。「つつましい」態度は周囲との関係への配慮でもある。

私自身は敗戦後の社会、しかも東京の郊外という最も伝統的な社会からは離れやすい地域で成長したから、戦後民主主義的な雰囲気を充分身に感じることができた。それで、自分の意見を表明することに意味を与えるようになった。といって、私的な想い、感情はあまり口にしない。それは時代とは関係ない、自意識によるものだからだ。

というわけで、私自身は「つつましい」とはいえそうにない。しかし、自分だけが得しようという意見はいったことはない。うまくいえないにしろ、私のなかで全体的に検討して普遍性の側からものをいうことにしている。主観的にはそうだというだけかもしれないが。だから、「つつましい」態度の人は好きだ。

「つつましい」は「つつむ」の形容詞形。「つつむ」は「慎む」のツツである。折口信夫は、罪はこの「慎む」からきているとする（『道徳の発生』）。誰かが禁忌を犯したとき、共同体全体が神の怒りを怖れて慎むということを考えたのである。自分が犯したわけでもない罪で慎まねばならないから、キリスト教の原罪に当たるものとした。これが合っているかどうかは別にして、「慎む」の、身を控え怖れることの重い意味を考えさせられる。具体的には籠もることである。近代社会にはわかりにくい感覚である。

この感覚のよくあらわれた用例が『万葉集』にある。

ひさかたの雨も降らぬか雨つつみ君にたぐひてこの日暮らさむ　（巻四・五二〇）

（ひさかたの雨も降らないかな、雨を慎んで籠もって、あなたと一緒に今日を過ごそう）

「雨つつみ」という言い方がみえる。雨を避けて籠もるのである。雨にふれることは禁忌を犯すことになった。この場合はその「雨つつみ」を理由に恋人とともにいようという歌である。もちろん、これが成り立つには雨が降れば籠もっていなければならないという観念がなければならない。雨は天から降ってくるものだから霊威があると考えられていたのである。それで触れると障りがあると考えられた。逆に、農業を例にすれば、雨は天からの恵みとも考えられた。そういう雨だから、普段触れるのが避けられたわけだ。

身を控えるのは、本来は霊威との関係の問題だった。だから厳しく守られた。近代社会は我々を超えた力を信じないようになったから、「つつむ」こともあまりしなくなった。それにつれて「つつましい」態度も減っていったという言い方もできるかもしれない。われわれの社会は自分を超える力が法律や規則になってしまったゆえ、あまり怖れずに破れる。個人の生きる態度に期待するほかない。（古橋）

つましい

質素な状態をいう。

戦中に生まれ、敗戦後に育った私は倹約、質素などを美徳と思っているところがある。この感覚は幼少期に身についたゆえ、今でも残っている。現代は消費社会で、次々に買い換えていくことがなければ成り立たない社会になっているから、どこかおかしいと思っている。そういうことを真面目に考えたのは、パソコンだった。文章をフロッピーに記憶させたはずが、呼び出してみたら壊れていた。私は自分に自信がないから、またミスをしたかと諦めていた。ところが、パソコンの製造元から、保存に不具合が起こる可能性があるとして、更新すべきものを送ってきた。私のミスではなく、機械がおかしかったのである。しかし、製造元は不具合がある可能性があるというだけで、わびのことばもない。私は不完全な機械を商品として売るなんてけしからんと腹を立てたが、消えた文章は戻ってこない。このような製造元の態度を考えていて、商品が不完全でもかまわないという考え方があることが分かった。パソコンが次々新しい製品を出していくのは、今の商品よりもいいものがあることが消費者にも前提になっているからなのだ。そして、商品は必ずたいして長くはない寿命が意図的に定められており、自分のもっているものの部品の寿命がきたとき、それを直すことのできる部品はすでに生産していないから、新しいものを買わなければならないようになっている。消費社会は常に新しい製品を買っていなければならない。そして、製品を作り続けるために鉱物資源などが供給され続けねばならない。やはりどこかおかしい。

最大の消費は戦争である。物や人を破壊するための武器が多量に生産され、その武器の多量の消費と物の破壊が行われる。破壊以外ないといっていいくらいだ。したがって、どこかでいつも戦争が起こっている。

こういう社会では「つましい生活」はむしろしてはならないものになる。森さんは大学の講義で、新聞に入っている折り込み広告の裏を講義ノートにし、学生に見せることをしていたという。しかし、効果がないので止めたということだった。私も学会の発表にしろ、広告紙ではないが、未だに反古の裏を使っている。

古典類にはあまり「つましい」は出てこない。庶民の生活を詳しく書くことがあまりないからで、近世になってわずかに見られる。ここでは近代の例から、川端康成『雪国』（一九三七年）を引いてみる。

> 無為徒食の彼は自然と保護色を求める心あってか、旅先の土地の人気には本能的に敏感だが、山からおりて来るとすぐこの里のいかにもつましいながめのうちに、のどかなものを受け取って、宿で聞いてみると、はたしてこの雪国でも最も暮らしのらくな村の一つだとのことだった。

温泉宿のある村のことで、村全体が「つましい眺め」なのだが、「のどかなもの」を感じている。こういう場合、「つましさ」はいうならば生活していく態度になっているのではないか。（古橋）

なよやか

「なよよか」「なよらか」「なよびか」ともいう。「なよ」は「萎ゆ」と同根。やわらかな、しなやかなようすをいう。

平安期にはやはり服装についていう場合が多いが、容姿もいう。『源氏物語』「橋姫」から引いてみる。薫が宇治の八の宮を訪ね、姫君を覗き見る場面である。

霧の深ければ、さやかに見ゆべくもあらず。また月さし出でなんと思すほどに、奥の方より、「人おはす」と告げ聞こゆる人やあらん、簾下ろしてみな入りぬ。おどろき顔にはあらず、なごやかにもてなしてやをら隠れぬる気配ども、衣の音もせずいとなよよかに心苦しうて、いみじうあてにみやびかなるをあはれと思ひ給ふ。

(霧が深いのではっきりと見ることはできない。もう一度月が出てくれたらと思っていらっしゃると、奥の方から、「人がおいでです」とお知らせ申す人があるのだろう、簾を降ろしてみな奥へ入ってしまった。あわてたようすもなく、穏やかな物腰でそっと隠れてしまった気配は、衣ずれの音も立てず、とてものやわらかに痛々しいくらいで、たいそう気高く優雅なようすなのを、薫はしみじみと感じ入っていらっしゃる。)

覗かれているのは八の宮の娘の大い君、中の君の姉妹である。霧が深いのは宇治の雰囲気を出している。姫君たちの姿が「なよよかに心苦しうて、いみじうあてにみやびかなる」と最大限のほめ方をしている。「なよよか」は弱々しい美しさといえよう。

泉鏡花『歌行灯』（一九一〇年）に、

瞳の動かぬ気高い顔して、恍惚と見詰めながら、よろよろと引退る、と黒髪うつる藤紫、肩も腕も嫋娜《なよやか》ながら、袖に構へた扇の利剣、……。

と、芝居仕立ての書き方で書いている場面がある。歌舞伎の妖艶な女の像が浮かぶ。『歌行灯』は江戸期の戯作調で書かれ、按摩殺しの語りを入れながら、現実とも幻想ともつかない不可思議な世界に引き込んでいく作品である。

私が大学院の時、故三好行雄先生の近代文学の演習でレポートした記憶がある。読み返していて、多くの書き込みがあったのをみつけた。確か各人がレポートをしてみたい明治期の作品を取り上げる演習だった。私は泉鏡花の作品が好きというほどではなかったが、反近代みたいなものを考えており、鏡花を取り上げたのだった。

「なよやか」は副詞では「なよなよ」である。この言葉も平安期に見られる。実は私は「なよなよ」はあまり好きではない。だが、心の態度としては「なよやか」であるのはいいと思っている。といって、「なよなよ」ばかりしているのはいけない。一つの筋、論理をもったうえで「なよやか」なのがいい。学生たちが卒論を書くのに論文を読ませるが、いくつか読むとどれも合っているように思えるとしばしばいう。それは自分の筋、論理ができていないからである。自分の筋、論理に照らしながら、どれに対してもやわらかく接することが要求される。それは生きている態度と通じているはずである。（古橋）

うつせみ

この世に生きている人間は、つかの間の短い命を生きてやがて死ぬ。そのはかない人の生身や、移ろいやすいこの現世を、「うつせみ」と言う。

このことばは『万葉集』によく見える。『万葉集』でも同じ意味でもちいられている、「うつつ」は「うつつ」（現実）のウツと同じで、この世の現実、の意味である。「せみ」はむずかしい。「み」も「身」の意味ではないらしい。「うつせみ」のミと「身」のミでは発音が異なったらしいことが、それらを表記した漢字の、当時の中国での発音の違いから分かってきた。奈良時代ごろまでの日本には、キ・ケ・ミ・メなどの清音・濁音併せて二十音には二種類の発音があり、それが音を表記する漢字の種類によって書き分けられている（上代特殊仮名遣い）というのだ。

『古事記』にはこの世に現れた神の姿を「宇都志意美」と言った例があって、「現し臣」の意らしい。「現し臣」のミにあたる「美」は「うつせみ」のミ（美・見などと表記される）と合致するので、この「現し臣」がつまって「うつせみ」となったとされている。「臣」ということばは高貴な身分の人を言うことばで、天皇の臣下を言うことばにもなっていったが、元来は神やそれに近い高貴な人を指したことばだったのだろう。それゆえ『古事記』の例では、神の現世に現れた姿を「現し臣」と呼んだのだろうと思われる。

そうすると「うつせみ」とは、神が一時的に人の姿になって現れたもの、ということを源の意味にしたことになるから、それは仮の姿でもあることになる。しかも高貴な者のすがたであるから、この語はある種の品位を持ってもいた。

『万葉集』には、「うつせみの世は常なし」「うつせみの借れる身」など、はかない現世、あるいはその現世に生きる人の意味で用いられている。この世や、この世に姿を持って現れた人間を初めとする一切の物は、暫くの間、仮の姿を表して、やがて消えてゆく存在なのである。こういう考え方は、仏教の無常思想が輸入される前から日本にも存在した。神という普段は姿を隠したものの存在を意識した時から、こういう考えは当然ありえた。『万葉集』の時代にすでにかなり進んだ意味に発達し、現世のはかなさに対する嘆きの意味を加えたことばになっていたのである。平安時代になるとこの語は、一種の掛詞的連想で「空蟬《うつせみ》」（蟬の抜け殻）に重ねられた。代表的な例は、『源氏物語』の第三帖の名「空蟬」である。光源氏が寝室に侵入してくる直前に、衣一枚を残して身をかわした伊予介《いよのすけ》の妻は、物語では「空蟬」と呼ばれる。もぬけの殻の衣が一枚、源氏の手もとに残ったからである。「空蟬」は平安・鎌倉時代の和歌には、はかないものの譬えとして詠まれ、また単に蟬のことをも「空蟬」と表現した。『後撰集』にはこういう歌がある。

空蟬の声きくからに物ぞ思ふ我もむなしき世にし住まへば　（巻四・一九五）

（蟬の声を聞くと私は物思いに沈む。私とて空蟬のように空しいこの世に住むのだから）

蟬それ自体も命のはかない存在であった。『万葉集』以来の「うつせみ」の語感が、「蟬」という具体的な像と結合して、美しい歌ことばになった。恋につけ、その他のことにつけ、祖先たちの現世観や人生観がこの語には包まれていて、捨てがたい。（森）

おくゆかしい

「おくゆかしい」は、謙虚で、あまり自分の思いを露骨に出さない態度、あるいは他人に対して深い心遣いがあって好感が持てる態度を言う。

もともと古典語には「ゆかし」ということばがあった。他人の心の中や物語の先行きを見たい、知りたい、と思う気持ちを言った。動詞「行く」からできた形容詞「行かし」が語源で、見たい、知りたい、という気持ちを「行きたい」と言い表したものである。『源氏物語』（若紫）には、光源氏が少女の紫の上を見出した時「ねび行かむさまゆかしき人かな」（成長してゆく先を見てみたい人だな）と目をとめた、とある。『更級日記』の作者は少女時代に叔母から「ゆかしくしたまふなるものを奉らむ」（あなたが見たいと思っているというものをあげよう）と、『源氏物語』をもらった。平安時代に成立した語である。

「おくゆかし」はそれに「奥」が加わった語。すでに多少見たり聞いたりしたことに誘われて、もっと奥まで知りたくなる気持ちを言った。もっと奥まで知りたいと思わせる人は、慎み深くあまり自分をむきだしにしない場合が多いから、そこから現代語「おくゆかしい」の意味も出てくるわけである。自分の思いをあらわに出すことを謹しむのが美徳であり、それがかえって人を引きつけ、深い心で結ばれる間柄を作る、といった考え方は、日本人の好む所である。その美徳の背後にはゆとりや優しさがある。失いたくないものだ。（森）

面影

「暫くぶりに逢ったけれど、昔の面影が残っている」「亡くなったお父さんに面影が似てきた」などと今でも言う。思い出や想像の中にあらわれる人の面立《おもだ》ちや姿をさして、「面影」という。右の二つの例は、現実に目の前に居る人の現在の姿の奥に、今は目の前にない昔のその人やその父親の在りし日の姿を感じ取っているのである。それゆえ「面影」にはどこやら夢幻的な感じがただよう。「まぼろし」ということばもあるが、「面影」はそれよりは具体的である。

古典でも、例えば『源氏物語』（桐壺）には、寵愛する桐壺更衣《こうい》が亡くなった後、桐壺帝が管弦の遊びをしている秋の夜に、不意に、生身の更衣が自分のそばに寄り添って居る気配を生々しく感じる場面がある。それを「面影につと添ひておぼさるる」（更衣が面影になってじっと寄り添って居るようにお思いになる）と表現している。こうなると、「面影」には不気味な印象さえある。きっと亡くなった人が生き返ってきているような印象なのだろう。そう言えば、『源氏物語』には、愛する人を亡くした後に、その亡くなった相手とよく似た人に出逢い、その人を愛する、といったなりゆきの話がよく現れる。これも面影を物語的にさらに具体化させたものだ。しかし日常的にも、誰か別の人が亡くなった人の面影を宿していると見る幻想が存在したのだろう。先の亡くなった父親の面影も同じことである。父親の生前を懐かしむ人には、その息子の姿に亡き父親の面影が見出されやすい、といったことがあるのだろう。

夕さればもの思《も》ひまさる見し人の言問《ことど》ふ姿面影にして　（巻四・六〇二）

（夕べになるともの思いがまさる。親しんだあの方のささやきかける姿が面影に現れて）

『万葉集』の恋の歌である。これも妻問いの時刻である夕方になり、女が恋しい男を慕って狂おしい物思いをしている時に、相手の面影を感じ取ったのである。こんな時、一種の俗信として、その「面影」に相手のやって来る前兆を感じ取ったりしたかも知れない。古い時代の「夢」にはそうした前兆としての意味があった。「面影」の方ははっきりしないが、先述の『源氏物語』の似る人を亡き人の再来と感じるのには、それに近い俗信がありそうだ。

面影の忘らるまじき別れかな名残を人の月にとどめて　（巻一三・一一八五）

（面影が忘れられぬ朝の別れだよ。あの人は名残惜しい面影を月にとどめたので）

訪れた男が帰る朝（後朝）の名残を、有明の月に面影が宿されているように思っている歌である。『新古今集』に見える西行の恋の歌だ。月は鏡のようで、恋しい人の姿が映ると見られた。面影は夢幻的で、それを慕う人の深い思いによって現れる。それゆえ語としては詩語や文芸語に馴染みやすかったろう。二葉亭四迷には『其面影』という小説がある。この書名は、愛する人の面影を意味している。森鴎外を中心とする数人の訳者たちの翻訳詩集は『於母影』と題されている。扉には『万葉集』の次の歌が、蘇東坡《そとうば》の詩句とともに記されている。

陸奥の真野のかや原とほけどもおもかげにして見ゆとふものを　（巻三・三九六）

（陸奥の真野の萱原は遠いけれど、面影になって見えるというものを）

この語の夢幻性が、収められた望郷詩や恋愛詩の浪漫性に合致したのであろう。（森）

口さがない

他人のことについて、悪くいいふらす傾向がある、物言いにつつしみがない、といった内容の言葉。「口＋さがなし」で、「さがなし」は性質の悪いことをいう。「さが」は「女の性《さが》」というような言い方が残っている。ついでにいっておけば、観念はほんとんどが歴史的、社会的に形成されるものだから、私は「女の性」などとは絶対いわない。

『源氏物語』「行幸」巻に、「口さがなきものは世の人なりけり」という成句的な例があり、古代から人は噂をするものなのが意識されていたことがわかる。『万葉集』では、噂は「人言《ひとごと》」といって恋の障害になることを詠む歌が多く見られる。

人言を繁み言痛《こちた》みわが背子を目には見れども逢ふよしもなし　（巻一二・二九三八）

（人の噂がひどく多いので、私のあの人の姿を見るのだけれど、二人で逢うことはできない）

人の噂にのぼったので、あうことができないという女の気持ちをうたった歌である。「背子」は、そういう表記が定着しているから、そう書いたが、ほんとうは「兄子」と表記すべきである。女のいとしい人を「妹」というのと対をなしている。理想的な恋愛を、最もよく気心も通じ、先祖の血を受け継ぐ兄妹間のものと幻想した（古橋『古代の恋愛生活』ＮＨＫブックス、一九八七年）。

噂はいつ、どこで、誰が言い出したかもわからず、しかも聞いた人は自分の意志にあまりかかわらず、別の人に伝えるというようにして次々に伝えられていくものだから、人の行為とは別のものと考えられた。いわば民の声と考えられる場合があった。現代の大衆社会はそれが意識的に操作されて、流行を生み出すことになっている。

一方、近代社会は個人に立脚しているから、噂などに惑わされないという思考もしばしばいわれる。もちろん、近代社会だけでなく、『源氏物語』の用例にみられるように、噂を嫌う思考はある。「口さがない」という言い方もそれを示していよう。

「口さがない」は噂をする人の性格の悪さをいっているように感じられる。噂をどう受け止めるかは個人の問題なのだ。自分が信頼している人の悪口を聞いて、そんなはずはないと思っていても、まったく影響がないとは言い切れない。何かの時にふとその悪口が思い浮かび、そういうことだったのかと納得することはありうる。しかし、それによって全面的に信頼が消えるわけではない。それはそれでいいような気がする。人は一人一人違うし、所詮人は孤独だからだ。

私についていえば、私は人に対する自分の判断がだいたい誤っていないと思っている。だから噂は噂として聞いている。それに、私のそれなりに親しい友人たちはあまり人の噂話をしない。それぞれがそれなりの生き方をしており、それを信頼しているから、その場にいない人がどうこうしたということがあまり話題にならないのだ。要は自分がどう生きているかが最も重要な関心なのである。

「口」のつく言葉は、「口しのぎ」「口さびしい」など、多くある。「口が悪い」「口がうまい」という言い方もある。（古橋）

風流

風流な人、というと、今日では俳句や茶道などの伝統的な技芸を、しかもあくまで趣味で楽しんでいるような人にしか言わない。しかし江戸の文化の伝統が残っていた明治時代頃までは、もっと重い意味のことばとして、特に文人や作家などには意識されていた。例えば夏目漱石は、日本の伝統には西洋より人間を高尚優美にするものがあると言い、世俗の人情世界を超えた風流世界を描こうとして『草枕』を書いた。『草枕』の主人公の画工は、山の温泉に逗留して、しばらく俗世間を忘れ、風流を探求しようとする。風流は世俗を超越する高尚な精神の営みだったのである。

「風流」ということばの原義は、高尚な思想や境地を築いて一家をなした人の生き方（風）を受け継ぎ、その流れに与《くみ》すること（流）、にあるという。つまり優れた先人の生き方に習って生きることであった。儒家でも道家でもよかったが、中国の六朝時代には道家の影響を受けた隠士（隠遁者）の風流が流行した。竹林の七賢などはその好例である。これが奈良時代の教養階層にも影響して、日本的風流の源流が築かれた。

また隠士の中には神仙思想に関心を寄せる人が多く、高尚な精神を持った者は仙人や仙女と交流するという幻想を文芸に表現した。仙女との交流は肉欲を離れた心の交流であったが、ここから精神的、美的な恋愛の風流も生まれた。平安時代の文学に表現された情緒的、美的な恋愛の基本もここにあったし、少し極論すれば、江戸時代の遊里における男のいきで粋な遊びっぷりも、この風流を継承している。浦島伝説の主人公は海の彼方の国の仙女と結ばれるが、この世に戻って来て二度と逢えない。『竹取物語』の月世界の仙女かぐや姫は、貴公子たちや天皇の求愛を退けて月に帰ってしまう。仙女とは遂に添い遂げられない。それが肉欲を離れた仙女との情交を象徴的に物語る、話の形式だったのだ。浦島は『丹後国風土記』に見える伝承では「姿容秀美、風流無類」の人と書かれ、『万葉集』では好色な女の接近を拒んだ大伴田主《おおとものたぬし》という人を「容姿佳艶、風流秀絶」な男と書いている。容姿が颯爽《さっそう》としているのも風流の内であった。

この大伴田主は歌のなかで、みずからを「風流士」と称しているが、当時「みやびを」（優雅な男）という語があり、この「風流士」も「みやびを」と訓読されてきた。「風流」は日本語で「みやび」と言い換えていたらしい。「みやび」は元来「ひなび」の反対語で、鄙《ひな》（地方、田舎）に対する宮（宮廷）の優雅さを身につけたふるまいを言う。貴族たちの品位は、これを身につけることによって保たれた。同時に風流であることが、彼らの資格証明になったのである。

「風流」は意味が広がり、気のきいた住まいや調度類、また華美な衣服、芸能の遊びなどを指したり形容したりすることばになっていき、さらには茶道・書道などの芸道の精神、俳諧の風雅・風狂の精神に受け継がれたりして、多様に広がっていく。しかしこの風流精神は、永く、俗世間や欲得を超え、それを批判する精神の核になってきたと考えられる。日本人のモラル感覚の基盤が、ここにあったとも言えるくらいである。（森）

あえか

かよわいさま、はかないさまをいうことば。

『源氏物語』「夕顔」巻で、源氏に夕顔の姿が、「白き袷《あはせ》、薄色のなよよかなるを重ねて、はなやかならぬ姿いとらうたげにあえかなる心地して、そこととりたててすぐれたることもなけれど、細やかにたをたをとして、ものうちいひたる気配あな心苦しと、ただいとらうたく見ゆ（夕顔は白い袷に薄紫のやわらかな上着を重ねて着て、目立たない姿がほんとうにかわいらしくはかなげな感じがして、どこといってすぐれたところはないのだけれど、細やかになよなよとしていて、ちょっとものいう感じがなんともいたいたしく、ただただいじらしく見える）」場面がある。夕顔は他の女たちと違って、なよなよとはかなげな女だったのである。後に物の怪に取り殺されることになるが、そういうことになる感じがわかる描写だと思う。

実をいうと、私がなぜこの言葉を知っているのか、はっきりしない。小説か何かで読んだと思い込んでいたが、学生の頃『源氏物語』で初めて知ったのかもしれない。ただ、あえないなどからの連想で知っていると思っていたのかもしれない。ただし、『大辞林』には「あえかな花」「あえかな希望」の例が載っている。

ところが、この話を森朝男さんにすると、ただちに与謝野晶子の「君死にたまふことなかれ」にあると教えてくれた。この詩は『日本文学の流れ』（二〇一〇年）に引いておきながら、すっかり忘れていた。年をとったとはいえ、情けない、恥ずかしい。

その最後の連に、

暖簾のかげに伏して泣く
あえかにわかき新妻を、
君わするるや、思へるや、

とある。「君」は日露戦争に行った弟である。新婚間もない夫を戦地に送った、なよなよとはかなげな新妻の像が鮮やかになる。

ちなみに、三連は、

君死にたまふことなかれ、／すめらみことは、戦ひに／おほみづからは出でまさね、／かたみに人の血を流し、／獣の道に死ねよとは、／死ぬるを人のほまれとは、／大みこころの深ければ／もとよりいかで思されむ。


と、天皇が戦死することを誉れとするはずがないといっている。昭和の戦争では非国民とされそうだ。

「あえか」はこぼれ落ちる意の「あゆ」から派生した語という。「あゆ」は『万葉集』に用例がある古い言葉である。（古橋）

ゆとり

ゆとりのある生活、というと、まずはお金の貯えがあって、多少の贅沢もできる状態にあることだが、時間に追われる現代社会では、仕事を丁寧に時間をかけて進められたり、息抜きの時間を相応に取れたりする状態にあることでもあろう。一時期、国の教育政策として実施された「ゆとり教育」というのも時間に係わるところが大きい。しかし本当は時間に余裕があるだけでなく、学童たちがのびのびと、そして生き生きと、満足感や楽しさを保ちながら成長して行かれるような状態を、教育上保障しようとしたものであろう。ところがこれは子供たちの学力の低下に繋がったというわけで、近頃は反省に立った見直しがなされているようだ。本来的には、人間には子供だけでなく大人にも、じっくり考え、工夫しながら大きなより良いものを作り上げていく充足感が必要だ。それでなければこの世に生まれてきたかいがない。お金の貯えとか時間とかは、それのための条件に過ぎない。

「ゆとり」のユトの源に当たる古語として「ゆた」があった。『万葉集』に見える。

安是可潟《あぜかがた》潮干のゆたに思へらばうけらが花の色に出《で》めやも　（巻一四・三五〇三）

（安是可潟の引き潮のようにゆったりとした思いなら、恋しさをはっきり表すものか）

切羽つまった恋心なのだ。これは多分、男の側からの口説きの歌である。

この「ゆた」を含む「ゆたにたゆたに」「ゆたのたゆたに」といった歌語もある。『古今集』の歌。

いでわれを人なとがめそ大船のゆたのたゆたに物思《も》ふころぞ　（巻一一・五〇八）

（どうか私を咎めないで下さい。潮に漂う船のように思いが大きく揺れ動くこの頃です）

恋を始めようか、ためらって心が揺れている。女の歌だろう。まだ切羽つまった激しい気持ちにはなっていない。そうした時期を過ごして、やがて深い恋情に捉えられていくのである。

この「たゆた」から「たゆたふ」という語もできた。大船が波間に大きく揺れる様子である。また「ゆた」からは「ゆたけし」「ゆたか」などという語も派生した。

庵原《いほはら》の清見《きよみ》の崎の三保《みほ》の浦のゆたけき見つつ物思ひもなし　（巻三・二九六）

（庵原の清見の崎の三保の浦の、ゆったりした様を見て物思いもない）

これも『万葉集』の歌である。三保の浦は静岡県。この歌の「ゆたけし」も穏やかに揺れる海面を表現している。一連の語はなぜか海原に関連して用いられることが多い。海は昔の人の気持ちも豊かにゆったりさせたのだろう。ちまちまとした決断に走らず、ためらい、たゆたう心は、実は豊かな心なのかもしれない。「ゆたか」の反対に乏しいことを言う「ともし」は、人を羨んだり、切実に恋したりする意味にも用いられるのが、その参考になる。自分の心に欠乏感があると、それのない人が羨ましくなる。だから乏しいことは、羨むことに繋がってゆく。恋するのも相手を切実に得たくて、得なければ心の欠乏感が埋まらない気持ちである。

「ゆとり」は人の動きをゆるめるから、生産性や効率を追いかける現代社会では否定的に見られかねない。しかし成果よりも過程が大切だという価値観に立てば、これは最も人間に願わしい充足の状態であったはずである。（森）

ゆかり

何となく懐かしい響きを持ったことばだ。血縁的な繋がりのことをいう。似たことばに「縁」があるけれど、それは血縁に限らない。意味の幅が「ゆかり」より広い。

梅干しに色を着けるために一緒に漬け込んだ紫蘇の葉は、日に干して細かく粉にし、ご飯のふりかけにした。これを、「ゆかり」「ゆかり紫蘇」という。『源氏物語』（若紫）で、光源氏が北山で見出した少女の紫上は、光源氏の憧れる藤壺宮に似ていた。実はその姪に当たる縁続きの少女だった。『源氏物語』はこの少女を「紫のゆかり」と記している。藤壺の血縁を、藤の花の色によってこう言ったのだ。そこから紫色のものを「ゆかり」と言うようになったのである。

この「紫のゆかり」ということばの成立には、古歌が踏まえられている。『古今集』の歌。

紫の一本《ひともと》ゆゑに武蔵野の草は皆がらあはれとぞ見る　（巻一七・八六七）

（一本の紫草《むらさきぐさ》ゆえに、それの生える武蔵野の草はみんなおもむき深く見える）

この歌は恋人を紫草に譬えた歌だとされている。恋人への愛情ゆえ、縁続きの人たちにまで心ひかれる、という意味。紫草は根から紫色の染料を得る。昔、武蔵野に多かった。

縁・繋がり・かかわりの意味に相当するのが「ゆかり」で、誰それゆかりの人、ゆかりの土地、などと今日でも言う。その人への懐かしさや思慕がこもり、またゆかりに繋がる人を優しく受け入れてやる心がこもる。昔は血縁という繋がりが重い扱いを受けていたのである。（森）

しおらしい

「萎れる」の形容詞形という。花が萎れるのようなことから、弱々しくしょんぼりしているさまをいうようになり、それが美として受けとられるようになって、可憐な美しさをいうようになったらしい。

世阿弥『花伝書』に、

一方の花をきはめたらん人は、しほれたる所をも知る事あるべし。しかれば、このしほれたるると申すこと、花よりもなを上のことにも申しつべし。花なくては、しほれ所《どころ》無益《むやく》なり。それは湿りたるになるべし。花のしほれたらんこそおもしろけれ。

というように、満開の花より萎れている花に美を見出す美意識が見られる。満月に雲がかかった状態に美を見るのと似ている。王朝が衰退しながら王朝文化に依拠して成り立つ中世的な屈折した美意識といえるかもしれない。近世には、本居宣長はそういう美意識を否定している。といって、滅んでいくものへの共感はわれわれのなかにもある。江戸期にアイヌが日本人が失ったものをもっているという見方があった。これは宣長に始まる古代学、国学と通じている。田園への憧れに広げれば十八世紀以降のヨーロッパ絵画にも見られる。

とにかく、中世に「しおらしい」は美意識として定着した。『日葡《にっぽ》辞書』にまで載っている。ただし「身のこなしや言葉つきなどに愛嬌のある」という意をあげている。弱々しい、可憐なというニュアンスが薄く思える。現代語の「かわいい」にはいろいろのニュアンスが含まれるのと同じといえばいいかもしれない。口語はそういう面をもっている。場の表現だったり、互いの了解に基づいていたりする。いうならば、言語表現以外の了解によって成り立つ場合が多い。

夏目漱石『草枕』（一九〇六年）に、「殊勝らしい」と書いて「しほらしい」と読ませている例がある。話は、鄙びた温泉宿に泊まる若い絵描きが、床屋の親方から噂話を聞く場面である。土地の気の触れた美女と、その女に付け文をした若い坊主の話で、

「……。するてえと奴さん、驚ろいちまってからに……」

「誰が驚ろいたんだい」

「女がさ」

「女が文を受け取って驚ろいたんだね」

「ところが驚ろくような女なら、殊勝《しほ》らしいんだが、驚ろくどころじゃねえ」

「じゃ誰が驚ろいたんだい」

「口説いた方がさ」

というように、やり取りが軽妙に語られる。その坊主が本堂でお経をあげていると、突然女が飛び込んで来て抱きついたというのである。坊主は逃げたらしい。

「殊勝」はすばらしいの意だが、恋文を付けられて驚く女なら、いじらしいなどの意がふさわしい。たぶん親方のニュアンスではそうだろう。この床屋の親方の言葉ということは、当時、女を評価する言葉として普通に使われていたとみていい。（古橋）

洒落《しゃれ》

「しゃれが通じない」といえば冗談、「しゃれっけ」といえば気取り、「おしゃれ」といえば化粧や装いに気を利かすことである。「しゃれ」は幅広いことばであるが、語源は戯れることを言った「ざれ」にあるという。「ざれ」よりもふるく「され」という言い方もあったようだ。それが「ざれ」「しゃれ」「じゃれ」などとも発音されるようになったらしい。「ざれごと」「ざれうた」などということばもある。「じゃれる」という動詞は現代語にも生き残っている。「洒落」という文字をあてて、洒脱で小いきな身なり、ふるまいを言うようになったのは江戸時代になってからである。当世風でさっぱりしたものにも、また華やかで派手なものにも言ったが、基本にその人のいきなセンスが生きているものを指したらしい。

だから冗談も装いも、手馴れていて、時と場所にピッタリ適合する自在なところがなければ「洒落」とは言えない。「人の気の物に馴れていさぎよき」（人の心が物と和合してすっきりしている）ことを洒落というと、江戸時代前期の遊女評判記『色道大鏡《しきどうおおかがみ》』にある。また俗っぽさをきっぱり捨てたところがなければ「洒落」とは言えない。「俗骨を離れたるをしゃれた人と云ふ」と江戸後期の辞典『志不可起《しぶがき》』には記される。「いき」「粋《すい》」などにも通うところがある（「いき」の項参照）。江戸時代の町人たちの美意識は、新しい時代のいきいきとした息吹を伝え、軽やかさを持っているが、奥にきりりと締まった心がひそむ。そこが尊い。（森）

3　ひとのいとなみ

いつくしむ

たいせいにする、いとおしむ、かわいがるの意。

その意味は古くは「うつくしむ」だった。その形容詞形「うつくし」はもちろん「美しい」だが、かわいらしいの意で、本来は親が子をかわいく思い、情愛をそそぐ気持ちをいったようだ。中世になって、この「うつくし」が現代にも通じる美しいの意になった。そこには何を美しいと感じるかの変化がある。たとえば『伊勢物語』初段に、成人式を迎えた男がかつての都平城京の郊外の春日野で「なまめかしい」姉妹に出会い、胸を轟かせて思わず歌を詠むという話があるが、この「なまめかしい」は、森さんの「なま」の項に書かれているように、未成熟の状態をあらわすから、少女っぽい美しさを意味している。『伊勢物語』は平安時代前期の、平安的な文化、美を求める作品（古橋『日本文学の流れ』岩波書店、二〇一〇年）で、この時代の美の方向を示している。その最初に少女っぽい女への憧れが語られているわけで、『源氏物語』の「若紫」に行き着く。考えてみれば、当時の文学作品に多くみられる「今めかし（当世風）」という美の評価の言葉も、「今」は変化していくものだから、若さに価値を与えたものということもできるだろう。そう考えていくと、現代が次々に変わることを好む文化にあることが思い合わせられる。女たちも、成熟することより、少女っぽさに価値を置いているように思える。「……でー」と中止形で、語尾に力を入れて伸ばす言い方が流行しているが、これも子供のしゃべり方だと思う。

本題にしている「いつくしむ」の動詞形は「いつく（斎く）」で、身を清め、神に仕えるの意。厳島神社がその例である。厳島社は瀬戸内海の航海安全を守る神社だった。厳島社を尊崇していた平家は日宋貿易で富を得ていたから、厳島社は瀬戸内海を越えて、外国との交通安全を守ったに違いない。

「うつくし」が美の言葉になるにつれて、神に仕えるの内容であるたいせつにするの意をもつことによって、「うつくし」の本来の意を「いつく」が引き受けるようになった。そして、「うつくしむ（かわいがる）」に近い、動詞形「いつくしむ」も生まれたわけである。

しかし、「いつく」は本来神に仕える意だから、かわいがるの意になると尊敬の内容が薄れるだろう。ただし、前近代社会では、子供は神に近い存在と考えられてきた。老人もそうだった。というのは、大人が具体的に社会を運営しているから、この世の存在としての価値が重いのが大人だと考えれば、子供と老人はあの世に近い存在にならざるをえなかったのである。神のお告げを下すのが、老人、子供そして女が多いことを考えてみればいい。いわゆる社会的な弱者が価値を与えられていたのである。近代社会は信仰を失うことによって、弱者への差別が前面に出て来ることになった。尊敬を失ったのである。

「いつくしむ」にはただかわいがるだけではなく、そういう畏怖の感情もこめられていたはずだ。近代社会では神へ仕えるというニュアンスがなくなっても、対象を尊厳あるものとして認めることになればいいと思う。もちろん、弱者に対してだけでなく、あらゆる人に対してである。

（古橋）

忌《い》む

「忌む」とは、普通でないもの、すなわち神や霊など神聖なもの、反対に死・病・のろいなど不吉なものに直接触れたり、係わったりすることを避ける、または謹むことである。そういうものに触れると、自分の身に、何か良くないことが起こると考えていたのである。今日には、特に人の死に関連した忌みの風習が残っている。残っているのはほとんどそれだけかも知れない。身内に不幸のあった者はそれによって身が穢《けが》れている。だからあまり他人に会ったりして、穢れを他人に及ぼしてはならない。そのために会社や学校を休む。「忌中」「喪中」などといって、忌みの真ただ中に居るのである。一方、弔問に行った者は穢れを受けるから、帰れば塩で身を清める。これも忌みの行為である。

不吉なものや穢れたものに対してだけでなく、昔は神聖なものも忌みの対象になった。もともと日常的な普通でない、異常なものや状態を避けたいと思う心があって、敬って遠ざければそれらは神聖なものになるし、厭なものとして捨てればそれらは穢れたものになる。聖と穢れは、どちらも恐ろしいものとして通じ合う。神という存在も、しかるべき手続きを踏まずにいきなり目に見たり近づいたりすれば、その異常な力によって災いを受けると考えられたわけだ。神と魔は紙一重の差である。これが日本人の宗教観だった。

しかし聖の意識が強まってくると、両者を区分して、聖なる場所には穢れを近づけてはならない、という考え方もできてきて、宮中や神前では穢れを嫌った。途中で動物の死骸に出会った者などは、神前に奉仕することができないというような風習もあった。平安時代には「物忌み」という風習があって、日取りが悪かったり、悪い夢を見たりすると、忌み謹んで行動を制限した。お産や月経も穢れとされた。また「忌み言葉」といって、死ぬことを「なおる（なほる）」、病気を「やすみ」、血を「あせ」などと言い換えることもあった。

「忌む」に起源を持つことばも多い。イムはユムとも音韻変化したので、「ゆめゆめ○○するな」の「ゆめゆめ」は「忌め忌め」から来ていると知られる。さらに状態や感情が普通でないことを言う古語「いみじ」も「忌む」からできたことばである。「いまいましい」「いまわしい」などもそうだし、「戒め」も「忌ましめ」で、謹ませる意味であった可能性がある。

「夢」ということばも、『万葉集』には、伊米・伊目などと表記された例が見え、古くは「いめ」と言ったらしい。寝て見るものなので「寝目」（睡眠のことを「い」と言った）から来たとする語源説もあるが、夢は、神託を受けたり、神・仏・霊など超自然的なものを見る機会であるから、「忌目」または「忌み目」が語源である可能性が高い。

昔のように不吉なことを厳しく忌み避けていたら現代生活は成り立たない。その必要もないだろう。便利や効率の良さを追いかける忙しい現代の生活では、忌みの習俗が簡素化されて行くのも当然だ。しかし昔の人の忌みの風習をながめていると、欲望や身勝手さの自己抑制として、また他人に災いを及ぼすまいとする謹みとして、このことばに込められた心が機能している面がある。そのことには、現代の我々も思いを向けてみる必要がありそうだ。（森）

生ける

生け花、生け簀《す》、などということばがある。料理屋の看板によく「活魚」と書いてあるのを見かけるが、あれは「いけうお」と読むらしい。「いけ」はどういうことばなのだろう。生け花にすることを「花を生ける」という。「生きる」に対して「生ける」ということばがあるのだ。「進む」に対する「進める」と同じである。自動詞・他動詞の違いで、他動詞は「〜を」という目的語をとる動詞である。生きている状態に保つ、ことなのである。「活魚」はしたがって生きたままにしてある魚のこと、つまり刺身にして食べる魚のことを言うのである。

ところが今日、この他動詞の言い方が、一部分すたれつつある。例えば「終わる」の他動詞は「終える」であるが、「早めに仕事を終えて帰宅した」と言わずに「早めに仕事を終わらせて帰宅した」と言う。「生ける」も「生かす」と言う場合が多い。「生ける」は、今日、少し使いづらくなったが、「終える」は大事にしたい。「終わらせる」よりも簡素で美しい。

火鉢は使わなくなったが、炭火を絶やさぬために灰に埋めておくのを、「いける」といった。野菜や芋を、鮮度を保つために土中に埋めておくのも、私らの子供の頃は「いける」だった。埋めることをいうのかと思っていたが、これらも「生ける」なのである。『源平盛衰記』には、「命ばかり生け申さむ」（命だけは助けて進《の》ぜよう）と見える。

似た例に「浮ける」（浮かべる意）、「退ける」などもある。（森）

掛ける

「掛ける」「掛かる」ということばは今日でも多様に使われる。ハンガーにコートを掛ける、壁に絵が掛かる、などといったように、もともとある物を別な物に引っかけたり、吊したりすることだが、「冬から春にかけて」とか「足かけ三年」とかなど、ある時から別なある時にまで状態や動作が及ぶことに言ったりもする。「手がかり」「足がかり」と言えば、物事のきっかけの意味である。意味の簡単なことばほど、使い古されていろんな応用例が増える。こういう種類のことばが新しいことばを生み出す造語力は大切にしたいものだ。

心や思いに関連した「かける」「かかる」の複合語も多い。人の思いはいくらでも広がり何でも背負い込むから、少し離れた人や未来のことにも思いを及ぼす。それが「思いにかける」「気にかける」であり、予想外のことが起これば「思いがけないこと」という。先々のことが「気がかり」、子供の将来に「望みをかける」、可哀想な人に「なさけをかける」、可愛い部下に「目をかける」、神仏に「願いをかける」等々、我々の思いは際限もなく、何かに関わり続ける。その「関わる」を始め「かかずらう」「とりかかる」「病に罹る」などのカカもみな「かける（掛）」と同根の語である。会社の「○○課××係」の「係」も同じで、特定の仕事に関わる担当者のことである。JRの前身の国鉄では、例えば「遺失物掛」などと「係」を「掛」の字で書いていたと記憶する。「橋を架ける」「金銭を賭ける」なども、もともと「掛ける」と同語である。川の対岸に渡れるように橋を架けて道を繋ぐように、二つのものの間にとっかかりを付けて関連づけることが「掛ける」だ。勝負事に金銭の遣り取りを繋げることが「賭ける」である。

こうした「掛ける」を人の心持ちについて用いることは、昔の人もよくした。小野 篁《たかむら》という人は平安初期の秀才であるが、病気を理由に遣唐使の任に従わなかったので隠岐に流刑となった。その時、次の歌を詠んだ。『古今集』に見える。

わたのはら八十島《やそしま》かけて漕ぎいでぬと人にはつげよ海人《あま》の釣舟　（巻九・四〇七）

（海原の島々をめがけて漕ぎ出したと人々には伝えてくれ、漁師の釣り舟よ）

「八十島かけて」は、島伝えに行く航路の先々、不安な遠い旅路を心に置いたことを意味する。

また平安中期の女流歌人赤染衛門《あかぞめえもん》は、紫式部と同じく一条天皇の后であった上東門院彰子に仕えたが、天皇亡き後に上東門院を訪ね、翌日院の心を慰める次のような歌を贈った。

常よりもまた濡《ぬ》れ添ひし袂《たもと》かな昔をかけて落ちし涙に　（千載集巻九・五六六）

（いつもより袂が濡れまさります、天皇様生前の昔を思い出して落とした涙で）

「昔をかけて」は、昔のことを心にかけることである。

最近は「前がかりになる」ということばが使われるようになった。「前向きになる」とは違う。姿勢が前に傾き加減になる、ということで、「前向きになる」が意志的なのとは違い、弾みや惰性でものごとを先取り気味にすることだ。こういうことばが造語されたり、古い用例が新しい意味を担って復活したりなど、造語力のある基礎語はたくましい生命力を持っている。そういうところをよく見つめたい。（森）

鑑《かんが》みる

「鑑」という漢字は、もともと大きなお盆を意味する字である。大盆に水を入れて月を映しとる鏡にもしたので、鏡の意味にもなった。鏡には自分の姿を映す。映して自分の姿の到らないところや整わないところを知るための道具が、鏡である。それゆえ発展して、自分を引き比べるお手本の意味も生じた。中国でも日本でも、規範にすべき書物や、ことに歴史書の名には「鑑」「鏡」の文字を用いたものが多い。過去の歴史はお手本なのだ。日本の歴史物語や史書にも、大鏡、増鏡、吾妻鑑などがある。

そのお手本や規範に引き比べて、これから取るべき道を探ることが、「かがみる」「かんがみる」である。、前例に配慮することにも用いる。○○を鑑みて、という言い方もあるが、お手本に照らして判断するときなどは、「○○先生の遺訓に鑑み」「会社創設の本旨に鑑みて」などのように、「に」を使うのが普通だ。日々に新しい現実が、原則とは異なる行動を強いる。しかし常に原則にたち返り、過去に学んで対処しようとするのは、人間の知恵でもある。また筋の通った一本の足跡を残したいという思いが人間にはある。

「かんがみる」は「鑑」という漢字の意味を日本語に移そうとして作られた、いわゆる漢文訓読語というものである。「況《いわん》や」「雖《いえど》も」などがその典型的な例であるが、漢文訓読語は日本語を豊かにした。古風なものが多いが、大切な遺産である。（森）

たしなみ

「たしなみ」は「身だしなみ」のように、用意しておく、心がけるという内容と、他動詞形が「たしなめる」の、苦労する、行き詰まって苦境に陥るというような内容と二つの系列がある。『岩波古語辞典』は同じ語として捉えているが、他は二つに分けている。後者は今では「たしなめる」としてしか使われない。ただし、忠告するの意である。ここでは、前者を取り上げる。

『徒然草』百五十段に、芸道に携わる人の態度について、

いまだ堅固片帆なるより、上手の中に交じりて、そしり笑はるるにも恥ぢず、つれなく過ぎてたしなむ人、天性その骨なけれども、道になづまず、みだりにせずして年を送れば、堪能のたしなまざるよりは、つひに上手の位に至り、徳長《た》け、人に許されて、ならびなき名を得ることなり。

（まだまるで下手な人が未熟なうちから、上手な人の中に交じって、馬鹿にされ、笑われても恥と思わず、平気にして過ごしているような人は、生まれつきの才能はなくても、その道にたゆまず、おろそかにしないで努力して年月を送ってゆけば、生まれつき才能があっても努力しない人よりは、結局は上手の位置になり、人徳もつき、人に認められて、並ぶことのない名を得ることができるのである。）

と述べている。天賦の才能がなくても、レベルの高い人と交わり、馬鹿にされても傷つかずに、

その道に努力していけば必ず道を極めることができるといっているわけで、近代社会における努力と通じている。『徒然草』が人気があり続けるのはこういうわれわれにも通じる生きていく態度を語っているところにある。

特に天性の才能がなくてもというところが、身分制社会の発言とは思えない。ただ、身分制社会でも、芸の道は才能のある者が身分を超えて世に出ることはできた。しかし、才能のない者は最高の技に至ることは難しい。といって、才能とは生まれつきだけでなく、育つ環境や教育が大きく関係する。その意味で、レベルの高い人と交われといっているのも、近代社会に通じるところがある。

この部分には「たしなむ」が二例ある。ともに努力と現代語にしたが、その道に向かって意識的に準備していくことをいっている。

現代では、「たしなむ」はしばしばある対象に趣味程度にかかわっている場合をいう。茶道のたしなみがあるといった場合、その道にのめり込んでいるわけではない。といって、知っている程度ではないから、やはりそれなりの努力はしていることになろう。

「身だしなみ」といった場合は、服装についての普段の心構えをいう。いずれにしても、精進して努力するニュアンスは弱まっている。こういう「たしなみ」は江戸期にみられる。ということは、江戸期の町人文化において、普通の人が芸事を楽しむようになったことのなかから、生まれてきた内容だろう。いわば江戸時代から大衆文化が前面に出てくる時代になったのである。

（古橋）

ねぎらう

「ねぎらい」のことばというものには優しさがこもる。どうやらまがりなりにも一仕事なしとげた新入社員などは、上司の適切なねぎらいのことばによって、どんなに大きな安堵と自信を得るか計り知れない。この上司の下でずっと仕事をしていこうと、決意を固めるだろう。

「ねぎらう」（古典語「ねぎらふ」）という語は、『日本書紀』の訓読語に、「労」「慰労」などの字に当てた例が最も古い用例であるが、もともと「ねぎ」という和語があったようだ。『古事記』の景行《けいこう》天皇の条には、天皇が、自分に反逆した息子大碓命《おおうすのみこと》が朝食に顔を出さないので、弟の小碓命《おうすのみこと》（倭建《やまとたける》）に兄を「ねぎ教へ覚《さと》せ」と命じた、と見える。朝食に顔を出すように、優しく諭し導かせたのである。神社に仕える神主を古代語では「祢宜《ねぎ》」と言ったが、これも神に対して「ねぎ」をする人のことであろう。この場合は、神を丁寧に祭って、敬いのことばで神の荒々しい力を和らげ、こちらに加護を与えてくれるようにすることである。

「願う」のネガも同じことばである。「願う」も神に対して願い事をすることに意味の起源があった。敬意を表して相手の好感を呼び覚まし、こちらの力になってもらうのだ。「ねぎらう」は、どちらかと言えば下位の者への行為であり、「願う」はどちらかと言えば上位の者への行為である。「願う」を参考にすると、「ねぎらう」も、最終的には相手のこちらへの好感や寄与を誘うものだと分かる。（森）

なる

最近、ファストフードの店頭などで「お持ち帰りできます」という貼り紙をよく見る。「お出かけになる」「お会いになる」等々、敬語の一般則「……になる」が強く頭にあるせいか、私などはどうも気に入らない。「お持ち帰りになれます」、あるいは「お持ち帰りいただけます」にして欲しいな、と言いたくなるが、それは貼り紙には丁寧すぎる、という思いが、貼り出す側にはあるのだろう。そうかと思えば一方、近頃どこでも顧客をやたらに「○○さま」と呼ぶようになった。病院でさえ「○○さま、中へどうぞ」と呼ばれたりする。病院のは行き過ぎで、「さん」でよいと思う。敬語というのは、どうも丁度に行きにくいものだ。患者を犬猫のように扱ってもらいたくはないが、さりとて病気を治してくれる医師や病院に、患者は相応の敬意をいだいている。そうした関係におのずと適合することばづかいが、お互いにあるはずだ。

「なる」ということばは、物事が自然に実現したり、変化したりすることをいう。『古事記』の冒頭は「天地《あめつち》初めて発《ひら》けし時、高天《たかま》の原に成れる神の名《みな》は、天《あめ》の御中主《みなかぬし》の神…」と始まる。以下にも続けて見えるが、神が誕生するのは「成る」であった。宇宙の摂理ともいうべき超越的な力によって、ある現象に到達する意味あいがこもっているようである。そこから、時間が過ぎてある時を迎えるのも「春になる」「黒髪の白くなるまで」などといい、成長発展して完成するのも「功なる」「なり上がる」「人となり」などといい、できあがって表に出て来た人の姿を「なり」「身なり」などという。「なる」はでき上がることでもあるから、事柄を終わりまで全うする意味、物事をなし得る意味にもなり、「ならぬ堪忍するが堪忍」（できない堪忍をするのが本当の堪忍だ）、何とか生活して行くための生業を「なりわい」といったりもする。

「なる」は受身的ではあるが、一方で、自己の営みを超えた大きな力への信頼やそれに対する謙虚な心がこもっている。人の世の大事は、「なす」だけのものではなく、何物かの力を借りて「なる」ものなのだ。それゆえ貴人や目上の人の行為は、そうした超越的な力と等しなみに見なして、「なす」「する」でなく、「なる」を用いて「お出かけになる」というような敬語表現ができた。また貴人が出場、出座することは、時代劇でよく聴く「上様、おなりぃ」のように「なる」一語で言う。すでに鎌倉時代の女房の日記『中務内侍《なかつかさのないし》日記』に、「御所になりて、しばしご覧ぜられて」（御所にお出ましになり、しばしご覧になって）という例が見えている。皇太子時代の伏見《ふしみ》天皇の月を眺める様子を叙述したものだ。この意味の「なる」には、貴人の出現を、『古事記』に見えるような神の誕生（示現）と、等しなみに捉える意識が存在しているかも知れない。神も貴人も人前にたやすく現れるものではなかった。

思想史家の丸山真男が、かつて右の『古事記』の例などを手掛かりに、歴史的変化が自然に「なる」または「なりゆく」ものであるとする日本的な歴史認識を剔《えぐ》り出したことがあった。超越的な力を特定的に言わないところには、主語を明示しない日本のことばの特色に繋がる問題がひそんでいるかも知れない。それはそれとして、「…になる」というのはそれ自体が敬語なのだから、「お持ち帰りになられますか」などと言う必要はないのである。（森）

直す

　私の妻は関西出身である。一緒になって間もない頃、私が出してきて散らかした物を見て、「それ、直しといて」と言われて、ハタと首をかしげたことがあった。情況から、片付けといて、の意味とは察しがついたが、私には初めて聞くことばだった。関東では「なおす」と言えば、修理、修正することで（本の編集者は校正を「直し」ともいう）、それ以外の意味はちょっと考えられない。

　でもよくよく考えれば、そういう意味に用いられてもおかしくない。「直す」は、本来、元の状態に戻すことなのである。学校への提出物や職場で作る書類などは、いいかげんなやり方をすれば、先生や上司から「やり直し！」と言われる。「やり直す」のナオスは修正することにも繋がるが、修正する意味ではない。もう一度初めに戻ってゼロから再出発することだ。「出直す」「仕切り直す」なども同様である。

　結婚式の「お色直し」はどうだろう。あれは白無垢《しろむく》から色のついた衣装に替えることである。現在は途絶えたようになってしまった、沖縄県の久高島に伝わるイザイホーという十二年に一度の祭では、三十歳になった島の女衆が何日もお隠《こも》りをして、満願の日が来ると、晴れて神になった（神が依り憑《つ》いた）として、髪に赤色の混じった造花を飾り、神殿の表の庭に出て来て、額と頬に赤い朱を押されて舞う。神が憑いて巫女になったわけだが、その標は赤を主にした「色」を帯びることであった。神懸かりは神と巫女との結婚である。神前結婚式はこうした祭の形式を引いているから、めでたく夫婦の契りが結ばれると、新婦は色を替えるのである。

そのように起源に返って考えると、「お色直し」は、祭において神がこの世に迎えられ、この世の始まりのめでたい神の世に立ち返ったしるしの意味になる。また琉球王府の神事歌謡集『おもろさうし』には、「直」「直ちゑ（直して）」などという語が頻出する。祭をして至福の神の世を現世に再現させること、つまりは、現世を神の世にたち返らせることを意味するらしい。

「直す」に対して「直る」という自動詞がある。初めにたち返ることを意味する。昔の学校では、朝礼の整列の時、先生の「前へならえ」の号令で両腕を前の友だちの肩のあたりに上げ、自分の立ち位置を決めた。不思議に列も真直ぐになった。そして「直れ」の号令で、手を下げた。広く祭に続く饗宴を「なおらい」と呼んでいる。語としては「なおりあう」の縮まった形、または「なおらう」という動詞の名詞形と見られる。祭を終えて日常に返ってくつろぐこと、という解釈は当たっていない。神が招来されて、この世の始まりの、めでたい神の世にたち返った（直った）のである。神と人が一緒になって酒を飲む宴が「なおらい」なのである。

ここそと盗みに入った泥棒が、見つかって、捨て鉢で普段の態度に戻るのなどを「居直る」「開き直る」などというが、これも元に返ることである。

夜更かしの悪癖など身についてしまった方は、早く（元どおりに）お直し、下さい。（森）

暮らし

「五番街へ行ったならば／マリーの家へ行き／どんな暮らししているのか見て来て欲しい」と、高橋真梨子の「五番街のマリーへ」は始まる。別れた女が、その後不幸になっていないかどうかを気遣う、男の負い目の心を歌う。「暮らし」ということばにはなんとなく寂しく切ない響きがある。「良い暮らし」という言い方もあるが、概して「暮らし」には、苦しい、かつかつの生活、といったイメージが貼《は》り付いている。「人の暮らし向き」などといった用例にも、生活というものは決してなまやさしいものではないのだ、という感じがひそんでいる。「その日暮らし」ということばもある。

「暮らし」とは一日を過ごして日暮れ時を迎えることである。自然に一日が終わるのは、日を主語にして「日が明ける」「日が暮れる」という。人が一日を過ごすのは、日を目的語にして「日を暮らす」という。「夜が明ける」と「夜を明かす」、「日が過ぎる」と「日を過ごす」も同じである。「暮らす」ということばは、一日一日を過ごし、終えて行く、という意味だから、何とかしのいで行く、といったニュアンスが付帯してしまい、苦しい、切ない響きを作っていったのだろうと思われる。「明かす」「明ける」が、明るい、という意味の古語「あかし」と関係があるように、「暮らす」「暮れる」は「暗し」と関係のある語である。

古典語では「暮らす」という動詞形が、『万葉集』の時代から見える。柿本人麻呂の妻を亡くした時の歌に「昼はもうらさび暮らし　夜はも息づき明かし」（昼はなあ昼中寂しく暮らし、夜はなあ夜通し嘆息して明かし）とある。

昨日といひ今日と暮らして明日香《あすか》川流れてはやき月日なりけり　（巻六・三四一）

（昨日といい今日と暮らして明日が来る。明日香川の流れのように速い月日だな）

という歌が『古今集』に見える。大晦日に詠んだ歌である。

「暮らし」という名詞のかたちは江戸時代から使われるようになったようだ。それ以前には右に見たように動詞「暮らす」として用いられ、さらに「日暮らし」という語が、一日中ずっと、という意味の副詞として用いられた。「つれづれなるままに、日暮らし硯にむかひて」（所在ないままに、一日中硯に向かって）、心をよぎる他愛ないことを書き付けていると、狂おしい気持ちになる、と兼好法師は『徒然草』の冒頭に記している。この用法は平安時代まで遡れる。

「ひぐらし」といえばカナカナ蟬を思い出す。あの蟬が鳴き出すと夕闇が迫ってくるから、そう名付けられたのであろう。蟬の「ひぐらし」は『万葉集』にすでに見えている。

「暮らしが立つ」「暮らしを立てる」といった言い方もある。生計が成り立つ、成り立たせる、の意味である。生計のことは別に「たつき」とも言った。平安時代から見えるが、もともとは、手段、手がかり、などの意味の「たづき」ということばから出た。現代でもそうだが、生計を立てて安心な暮らしをするのは楽なことではない、という思いは、特に昔の人たちには強かったのだろう。「暮らし」という語に染み込んだ昔の人の思いがいとおしい。日々の暮らし、生活は、我々にとっても最も重大な関心事であり、あらゆる思想の原点である。（森）

遣《や》る

遣り水・蚊遣り火・木遣り歌・遣らずの雨・思い遣り・遣る瀬ない等々、「遣る」を成分にした複合語にはなかなか味なものが多い。この語は、ここの物をあちらへ移したり、移るに任せたりすることで、他人に物や情愛を与える、人を他所に派遣することにも言う。ところが汎用されるうちに、何事にもあれ行為することの意味になって、殺《や》っちまえ（殺人）・早くやれ（仕事）・おたくのチームとやりたい（試合）などとも用いられるようになった。

この第二のヤルは、「する」に比べ野卑で乱暴な感じがあるためか、近年は本家の「遣る」の方まで避けられる傾向が出て来て、小鳥に餌をアゲル・花に水をアゲル・夫の給料だけでは子供に塾通いもさせてアゲられない等々、みんなアゲルと言うようになった。先頃、野球解説者が、これで次に外角低めに投げてアゲルと空振りしますよ、と言ったのにはさすがにエッと息を呑んだ。これらはみなヤルの方が良い。ペットや我が子や敵にアゲルはない。アゲルはサシアゲルの意味だ。これらのアゲルをサシアゲルに換えてみたら、いかに滑稽かが分かろう。敬語や丁寧語は、使いすぎると簡素なことばの美しさが損なわれる。

もともとこの「遣る」には野卑粗暴なニュアンスなどなかった。初めに挙げた複合語がそれを物語っているし、和歌にもたくさん出てくる。

わが背子《せこ》を大和へ遣るとさ夜ふけて暁《あかとき》露にわが立ちぬれし　（巻二・一〇五）

（弟を大和へ送り遣るとて、夜がふけて明け方前の露に私は立ちぬれたことだ）

沫雪《あわゆき》に降らえて咲ける梅の花君がりやらばよそへてむかも　（巻八・一六四一）

（沫のような雪が降る中で咲き出した梅の花をあなたのもとに贈ったら、それを私自身だと思って見て下さるでしょうか）

花の香を風のたよりにたぐへてぞ鶯さそふしるべには遣る　（巻一・一三）

（花の香を風の便りに添わせて、鶯を誘う道案内に送る）

初めの二首は『万葉集』、第三首めは『古今集』の歌である。一首めは、伊勢神宮に斎宮（朝廷から伊勢神宮に派遣された巫女）として仕えていた大来皇女《おおくのひめみこ》が、訪ねてきた弟大津皇子《おおつのみこ》の京に帰るのを送り出す時に詠んだ歌である。二首めは友に花を贈る歌である。

「遣る瀬なし」は江戸時代のことばで、古い時代には見えない。しかしこの語ができてくる由来は古い。昔から苦しい恋ごころは川の浅瀬に出て禊《みそぎ》をして祓《はら》う習慣があった。だから川の瀬は思いを捨て遣る場所だった。捨て場もないほど憂いの多いのが「遣る瀬なし」である。この場合、「遣る瀬」は名詞だから「なし」はアリ・ナシのナシである。それゆえ、「やるせなき」という連体形を「やるせぬ」とは言い換えるべきでないが、古賀メロディの名作「影を慕いて」には「幻の影を慕いて、雨に日に、月にやるせぬ我が思い」という卓抜な（？）歌句が見える。昔の和歌の世界では、あまりに卓抜な歌句は「秀句《すく》」などと言って、その歌の詠み手に敬意をはらい、本歌取りをするのを遠慮する習わしがあった。「月にやるせぬ…」もその伝統に習い、この歌に限って認めることにしたらどうだろう。（森）

稽古

練習、訓練、学習、レッスン等々、代替の利くことばがほかにあるのに、「稽古」ということばは、けっこう現代社会にも生きて使われている。相当に意味の難しいことばだが、それら別のことばとは違って、何か我々の心持ちにしみこんだ親愛感があるのだろう。古いことばならではの語感である。「お稽古」という優しい言い方が、女性の間でよく使われている。

「稽古」は『書経』や『漢書』に例が見える。「稽」は「考」に等しく考えること。「稽古」とは昔の政道などをよく考察して、今日どのようにすれば良いかを弁《わきま》えることである。そこから学問をすること、武道や芸道の訓練をすること、などへと意味が広がった。日本でも同じ意味で平安時代の初め頃から見える。はじめは漢文の中で用いられ、段々一般化したようだ。『弘仁格《きゃく》』(弘仁時代編纂の法制書)の序文に、藤原冬嗣《ふゆつぐ》は「臣等、学ハ稽古ニ非ズシテ、才ハ当今ニ闇シ」(原漢文)と、編纂に当たった自分たちを謙遜して書いている。私たちは学識は昔のことに通暁していず、知恵は現在の事情を弁えるに及んではいない、の意味だ。

「稽古」は道を究める意味に繋がり、修道、修業の意味をも伴なう。その点を昔の人たちは尊重したのだろう。現在でも「稽古」という語には、根気よく何度も繰り返して学び、技術に深く精通する、といった語感が生きている。それをするには精神力が必要だ。「稽古」は精神鍛錬にも繋がっていたのであろう。(森)

ことぶき

結婚のお祝いの品には「寿」と書かれた熨斗紙《のしがみ》をかけるのが習わしである。この字を「ことぶき」と読む。漢字の「寿」は元来命の長いことを意味することばだが、祝い・祝い言、などの意味がある。祝う・祝い言を言う、という意味の古い動詞に、「ことほく」という語があった。それが少し音が変わって「ことほぐ」「ことぶく」となった。これが「ことぶき」の源である。「ことほく」はことばをもって「ほく」ことで、「ほく」は祝う意味である。『万葉集』にはこういう歌がある。大伴家持が左大臣 橘 諸兄《たちばなのもろえ》家の春の宴会で詠んだ歌である。

青柳《あをやぎ》の上《ほ》つ枝《え》攀《よ》ぢ取りかづらくは君が屋戸《やど》にし千歳ほくとそ　（巻一九・四二八九）

（青柳の枝先を折って髪に挿すのは、あなたの家の幾久《いくひさ》をことほぐのです）

柳は生命の強い木で、その呪力によって長寿を得るのである。宴席で皆がかずらにする時、家持が宴の主催者の左大臣を祝福して、今日こうして集まり、柳のかずらをして祝うのは、ご尊家の千年の繁栄をとことほぐためです、と挨拶したのである。

この例からも分かるように「ほぐ」「ことほぐ」などは、祝い言を口にしてこれからの幸いを呼び招く行為を言うものであって、幸いが来たから祝い言を言うというものではないのだ。

元来、祝う、というのはそういうことで、民俗学などでは、あらかじめ祝うことだから、「予祝」と名付けている。これはめでたいことばには呪力があって、それが働くと考えていたのである。そのことばの呪力のことを「ことだま（言霊）」といった。正月に「おめでとう」を言うのも、相手またはお互いの新しく始まる一年がめでたい一年になるように、という呪言なのであって、その呪言に含まれる言霊の働きに期待しているのである。ことばだけでなく、祝いの行事を執り行うことも、同様に幸いをもたらすことに繋がるものだった。これが日本人の祝事・慶事の基本なのである。

「ことほぐ」ということばはあまり使われなくなった。これに最も近いことばは「祝う」だが、それも今日では予祝の意味を失いかけている。それゆえ、宴会で乾杯するときに音頭をとる人が、今後、未来のことへの思いをこめて、予祝の意味で乾杯したいのに、ことばが見つからずに、「ますますのご発展をお祈りして、乾杯！」だとか、「末長いご健勝を祈念して、乾杯」などと言うことが多い。

しかしお祝いで乾杯することはあっても、お祈りで乾杯はしないだろう。乾杯はお祈りには相応しくない。そういう気がしてならなくて、私は宴席で乾杯の音頭取りに指名された時に、「今後のますますの発展を祝して…」とやったら、「祝して？」という疑問のささやきが近くの席から漏れた。未来のことに「祝して」はおかしいと思ったのだろう。そこで次の機会には「皆さんのますますのご健勝をことほいで…」とやってみたのだが、みんなポカンとした顔をしていた。「ことほぐ」という語は、一般にはあまり知られていない。

乾杯の発声も、未来の幸せを呼び招く趣旨でしたい場合がある。そんなとき、「ことほいで」がまことに好都合なのだが、皆さん、このことばをもっと使ってみませんか。（森）

あいびき（逢い引き）

デートという言い方が一般的になっている。英語のデートは日程、約束した時間ということだろう。ランデブーというほうが逢い引きらしいが、これもあまり使われない。

デートというと公然という感じだが、逢い引きというといささか秘密めいた気がする。本来恋愛は秘められたものだった。学生時代、けっこう親しい友人とでも互いに恋愛のことを話したことはない。しかし、なんとなく恋をしていることはわかる。突然結婚式に出てくれといわれ、やはりそうだったのかと納得した記憶がある。

『万葉集』からは、恋は「人目」「人言《ひとごと》（噂）」を怖れるもので、親にさえ隠しているものだったことが知られる。それは、神々の時間である夜にするものだったことと関係している。恋は、人の心を普段とは違う状態にすることを考えると、神々の側の行為だったことがわかる。だから、心では得意に思いつつ、人に知られないようにした。

このデートの一般化にともない、恋は隠された行為ではなくなったらしい。電車のなかでベタベタしているのをみることが多くなった。恥ずかしくて、目を背ける。そしてそうさせられることに、ほんの少しだが、腹立つ。恥ずかしくないのだろうかと思い、でも恥ずかしいと感じるのはなぜかと考える。たぶん、心の問題なのだと思う。心の中は人にわかるものではない。いうならば秘められた部分なのだ。それが表に出て、人に見られるのは恥ずかしいし、他人のそれを見てしまったなら、見てはいけないものを見たようで恥ずかしいのだと思う。秘められていると感じるのは、自分の心をみつめるからである。ということは、恥ずかしくない人たちはあまり自分の心をみつめたことがないのではないかと思ってしまう。前向きに生きるという言い方が流行っているのと関係しているに違いない。確かにスポーツの世界ではそうでなければ勝てないかもしれない。私もサッカーのワールドカップ、欧州選手権、そしてJリーグとプロの最高のプレーを見るのが好きだから、そういう態度も認めはする。しかし、文化にはさまざまな分野があり、それぞれの分野で人間のさまざまな面を浮き出させている。すべてが前向きでいいわけではない。

恋は二人の心の神秘にかかわるから、やはり秘められるものだ。だから、「逢い引き」にふさわしいのはラブホテルではなく、待合い、連れ込み宿だろう。そういう、いわば裏の文化に恋愛はかかわっている。ウラは心の内を意味する場合もある。「ウラがある」というのは心の中では何を考えているのかわからないからである。

恋愛はきわめて個人的な領域である。これを私的と言い換えてみよう。私的な領域はみんなで共有するものではないから、隠されているとみていい。とくにベタベタは性的な触れ合いに繋がるから人前では隠すべきものだと思う。

「あいびき」の古い用例は戦で互いに弓を射合うこと（『平家物語』橋合戦）で、漢字を当てれば「相引き」である。恋愛の語ではない。恋愛の語としては、近代に成立した言葉のようだ。二葉亭四迷のツルゲーネフの翻訳『あひゞき』（一八八八年）がある。（古橋）

障《さわ》る

さし障りがあって行けない、気苦労は病気に障る、などと言う。何かをしようとする時、それを妨げるものがあることを「障る」という。もともと妨げる意味の「障《さ》う」（古典語は、「障ふ」）という語があった。道を行くと村と村の境界や、特別に不吉な場所があり、悪い神が居て通行を妨害すると考えられた。その神を、逆に通行を妨げず、また通行の安全を守ってくれるように路傍に祀ったのを「さえの神」と言った。その「さえ」は「障う」である。死者、特に子供があの世へ行く時に渡る「賽の河原」の「さい」も同じである。賽銭を供えるので、「賽」という字を当てるようになったのだろう。その「障う」の自動詞が「障る」であり、「障う」が、さえぎる、の意味であるのに対し、「障る」は、さえぎられる、といったような意味になる。中世においては、出家して極楽往生を遂げようとする志の妨げになるもの、例えば親子の情愛などの煩悩、犯した罪などを「障り」と言った。

また女性の月のものを「さはり」「月のさはり」とも言った。平安時代にすでに例が見えている。月のものは穢れと考えられたからである。

物に触れる意味の「触る」が、これと同系のことばだと説く辞書もある。何かに接触することは先へ進む妨げになるからである。そう考えられるかも知れないが、分からない。

「障る」は「妨げる」に比べると作為的な感じが乏しく、品のあることばだ。（森）

凌《しの》ぐ

中学生の頃だったと思う。友達の家へ行って長居をしてしまった。友達のお母さんも一緒になりいろんな話をしているうち、お母さんが席を立った。やや暫くして、「あんたがたお腹がすいたでしょ。ほんのオシノギよ」と言って、温かいうどんを作ってきてくれた。よく覚えているから、それが「凌ぐ」ということばを自覚的に聞いた最初であったのだろう。空腹を一時的にこらえるもの、の意味だった。

野球放送では、「〇〇投手、猛攻をよく凌ぎました」などと言う。攻撃にさらされながら、何とか乗り越えることを意味する。元来は勢いのあるものを押さえつけることで、『万葉集』には「菅《すが》の葉しのぎ降る雪」「秋萩しのぎ馬並《な》めて（狩をする）」などといった例が見られる。その後、相手にうち勝ったり、あなどって見くだす意味にも用いられてきたが、中世以降、雨風の当たらぬ所で「一夜をしのぐ」など、耐え忍んでやり過ごす意味の用例が多くなってきた。現代語としてもその意味で用いることが多い。

忍耐することには「耐える」「忍ぶ」などの語もあるが、「凌ぐ」は、力を持続的にこめて乗り切り、打ち勝つ意味がこもる。そこが独特である。

「しのぎを削る」の「しのぎ」は別語。刀剣の刃と背の中間の小高い部分を言う。漢字では「鎬」と書く。それを削りあう、というのだから、激しく戦うことを意味する。（森）

もてなし

日本の伝統の「おもてなし」文化を売りにして、海外へ進出しようとする旅館業の商戦を、NHKの「クローズアップ現代」が取り上げていた。個々の客のそれぞれの願望をよく探り出し、それに細やかに気配りして心を通わせ、真心の応対を受けたという充足感を持ってもらうのが狙いだという。和風旅館の、酸いも甘いも噛み分けた熟年の仲居さんの応対、あの他国には多分存在しない日本風のやり方のことであろう。豪華な食べ物や価格で勝負するだけでは海外での競争に勝てない。伝統的な精神文化がかえって見直される結果になっている、というのは面白い現象だ。茶道では「一《いち》期《ご》一《いち》会《え》」ということが言われた。どの出逢いも生涯に一度の出逢いとして心をこめて応対する、という心がけである。今のこの出逢いは二度と来ない、という潔い覚悟が感じられる。戦乱の時代をくぐって形成された無常観が奥にひそんでいるのだろう。「もてなし」の心も「一期一会」の精神を底に持つようである。

「もてなす」とはどういうことばだろうか。「もて」は、古典語では、もてあそぶ・もてあつかふ・もてかくす・もてはやす等々、動詞の接頭語として多用される。「持ちて」「以ちて」のつまったもので、何かを手に持って、または、手段として、といった意味がある。「もてあそぶ」といえば、楽器や花の枝を手に持ったり、慰めの手段としたりして、楽しむことだ。「おもてあそびもの」の「おもてあ」からオモチャ（玩具）という語もできた。

「もてなす」も、したがって相手にする物や人が目の前にあり、それに対して「為す」こと、つまり相手をよく知り、うまく扱い、こなす、ことである。平安時代には、物事をとりさばく、身を処する、人をうまくあしらう、面倒をみる、などといった意味で用いられた。「何事の儀式をもてなしたまひ」（何の儀式もとりさばきなさり）、「やすらかに身をもてなし、ふるまひたる、いとかはらかなりや」（気楽にふるまっているのが、とてもさっぱりしているよ）などの例が『源氏物語』に見える。物事の処理、他人とのつきあい、その場その場の事態への対応に、人はうまく身を処して生きて行かねばならない。その身の処し方が「もてなし」である。

中世にはいると、人を接待したり、饗応したりする意味で使われるようになる。「今夜大事の客人を得たり。よくよくもてなせといふ仰せにて候ふ」（今夜だいじな客を得た。よくよく饗応せよとの仰せであった）といった例が説話集の『沙石集《させきしゅう》』に見える。「おもてなし」の意味はこの辺から出てくることになる。さらに後には、特に問題として取り上げる、もてはやす、といった意味に用いられることもあった。

今日「おもてなし」のあり方を考え直す必要があるなら、「もてなす」の語の始まりの平安時代の例に注目する必要があるだろう。人とのつきあいでも物事のとりあつかいでも、それを重々しくしたり、何気ない軽やかなかたちにしたりするのは、する人の才覚、教養による。その奥にはさらにその人の生き方や人柄がひそむ。相手にいつまでも良い印象が思い出として残るような「おもてなし」は、結局その人の人柄や才覚によるのである。多分もてなす人によって異なるやり方があって、その人の良い人柄が相手に伝わるのが、良い「もてなし」なのだろう。（森）

すすぐ

汚れたものを水に浸したり、水で洗い流すことを言う。音がかわって「そそぐ」とも言うが、水を器に流し込む「注ぐ」とは別語である。原形はあくまで「すすぐ」なのだろう。「ゆすぐ」ということばもあって意味にもほとんど差がないが、江戸時代になってから生まれた語であり、おそらく「揺りすすぐ」が詰まってできたものと思われる。

古い時代には「禊《みそ》ぎ」という習俗があった。近親者の死など、不吉なできごとに遭遇すると、身が穢れを負う。その身を清めるために水に身を浸したり、身の一部、例えば手などを洗うのである。神聖なものに近づく時にも身を清めなければならなかったから、神を祀る者は禊ぎをした。不思議なことだが、恋の思いにとらわれた者も禊ぎをして、苦しみからのがれようとしたようである。『古今集』や『伊勢物語』に次のような歌が見える。

恋せじと御手洗川《みたらしがは》にせしみそぎ神は受けずぞなりにけらしも　（巻一一・五〇一）

（恋いすまいと御手洗川にした禊ぎを、神は受納なさらなかったらしいなあ）

これは禊ぎをしたけれど恋情が晴れないことを嘆いた歌である。御手洗川とは、京都の下鴨神社の前を流れる禊ぎの川である。恋は苦しみであり、苦しみは一種のやまいであり、やまいは穢れや不吉なものが身体に寄り付いて起こる。また清めることはそれらを消滅させて、幸福や健康を招くことでもある、と感じていたのだろう。

「すすぐ」ということばの源には、この禊ぎが存在する。「みそぎ」は「身すすぎ」または「身そそぎ」が詰まったことばと考えられている。うがいは水で口をすすぐことである。風邪の予防のためによくするが、それればかりではない。神社へ行くと、神殿の手前に、水がちょろちょろ流れていて柄杓《ひしゃく》が置いてある所がある。あれは、柄杓に水を受け、それをさらにすぼめた左手に流し受けて口をすすぎ、それから残った柄杓の水を、柄を持ち替えながら左右の手にかけて洗うものらしい。略式の禊ぎである。人の息は穢れているから、神前に出た時それが神にかからぬよう口をすすぎ、さらに物を供える手の穢れも落とすのである。

「雪辱」という漢語がある。「辱《はじ》を雪《すす》ぐ」の意だ。前の戦いで敗れて受けた屈辱を次の機会に勝って晴らすことである。汚名を挽回すること、受けた恥を晴らすことも「すすぐ」と言う。また『拾遺集』には次のような歌も見える。

木幡河《こはたがは》こは誰《た》が言ひし言の葉ぞ無き名すすがむ滝つ瀬もなし　（巻一二・七〇六）

（木幡川には、これはいったい誰が言い出したことか、根拠のない浮き名をすすぐための早瀬もない）

「木幡川」と「こは誰が」が語呂合わせになる。根拠のない恋のうわさ（無き名）を立てられた人が、それを晴らす方法のないのを嘆くものである。「すすぐ」は、そうした不名誉や恥を晴らす意味にも用いられた。水の浄化力は、単に物質的なよごれを清めるだけでなく、心の問題にまで及ぶものと考えていた。「禊ぎ」の思想が、「すすぐ」の語義を深いものにしている。そこに「すすぐ」の独特な陰影があって、捨てがたい。（森）

4　もののさま

はかない

「はか＋ない」で、「はか」は「仕事がはかどる」などの「はか」。したがって「はかない」は努力しても確かな結果をえられないというのが本来の意である。そこから頼りない、あっけない、むなしいなどの意の語になった。

私が取り上げたかった理由は、歴史物語の『栄花物語』にしばしば見られる「はかなくて、年も暮れぬ」というような言い方が日本の文化の基本にあると思えるからである。

もちろん、「はかない」が日本の文学に多用されるのは、仏教の無常観と関係するだろう。一方、季節を変わらず訪れてくるものと認識するような時間認識は古来からあったに違いない。そして、毎年生命は更新される。そういうような認識が仏教によって再編され、この世を移ろうものとして感じるようになっていった。

この常なるものはないという認識は深いところであきらめを醸成した。そして、この世に確かなものはないという感じ方は論理や理屈を絶対的なものにしないという考え方を育てた。日本語の文学が主語を明確に記さないし、情の側に重点がいき、論理性には弱いのも、そういう考え方に基づいている。

情に重点がいき、しかも情は変わっていくなら、確かなものはない。これは正義を絶対化しない発想に繋がっていく。善悪も定まったものではないのだ。キリスト教やイスラム教のような一神教とは決定的に違う。沖縄宮古の伊良部島で、村の神役の女性を訪ねたとき、キリスト教の使徒の絵の額がかかっているので、尋ねると、パウロの絵を指して、この人が迎えに来たので私はキリスト教になったといっていた。多神教ではキリスト教の唯一絶対神も神々の一つに過ぎない。だから村の祭祀と矛盾しない。八重山で私がお世話になった民宿のおばさんもキリスト教徒だった。彼女の紹介で、めったに見られない村の神役の引退式が見られたこともあった。多神教では他の神々に対して寛容である。

「はかなくて、年も暮れぬ」は来年こそというように、次の年に期待するのとは異なる感慨である。ああ、今年も暮れてしまったなとでも訳せばいいかもしれない。たいしたこともしないで、雑事をかたづけているうちに、一年経ってしまった。日常生活というのはそういうものである。だから、これは後悔ではない。ただ淡々と日々を過ごしていって、一年経ったうえでの想いである。そこにはあっけないという感慨もあるだろう。そして、これを繰り返していって、人生は終わる。

したがって、このあっけないという感慨は死に対しても同じである。死はこの世のものすべてに訪れるものだから、どういう人生の価値も等価でしかない。そう考えることで、世界はずいぶん違って見えてくる。自分が特別なのはわずかな他との異質性にこだわるからにすぎない。かといって価値がないはずはない。この世に存在すること自体が価値なのだから。なぜなら、この世は一つ一つのあらわれの集積によって成り立っている。自分はそのあらわれの一つなのだ。（古橋）

たたずまい

「落ち着いたたたずまいの町並」というように使う。

二十年以上前から石神井公園の東側、かつて一面田圃だった所が開発された住宅街に住んでいる。そこに越してきたのは、静かで、両側に大谷石の塀が続き、塀の中には似通った作りの木造の家々のある、まさに落ち着いたたたずまいの町並だったからだった。仕事から帰ってきて、家へ続く小道への角を曲がるとその家並があらわれ、なんとなくほっとするのである。

ところがここ十年ほど、建て直しが続くと、大谷石の塀がなくなり、一戸一戸の家が素材も作りもまちまちになって、落ち着いた町並ではなくなっていった。私の家も建て直したが、町並を壊さないようにと、建物も前と変わらないように、塀も大谷石にしたのだった。大谷石の家は私の家の並びでは、十二軒のうち五軒になったが、まだ雰囲気は残っている。

庭もたいしてないのに、欧米の郊外にあるような大きな建物が建つと目立って、どうしてこんな狭い所にと、住んでいる人の性格を推量してしまう。自分は気持ちいいのだろうが、周りの人々の気持ちは考えない。でも、そういう人は元から他人がどう思うかは考えないのだろう。そして、この小路に入っても家並に関心がないのだろう。

「たたずまい」はじっと立っていることを意味するから、人についていうのが本来である。

しかし、『蜻蛉日記』天禄三年（九七二）五月のことで、この頃、雲のたたずまひしづ心なくて、ともすれば田子の裳裾思ひやらるる。ほととぎすの声も聞かず。もの思はしき人は寝こそ寝られざなれ、あやしう心よう寝らるるけなるべし。

（この頃、雲のようすがあわただしく、ともすれば農夫の田植えする裳裾が想像される。ほととぎすの声も聞かない。悩みのある人は眠れないだろうに、私は不思議によく眠れるからだろう。）

と、雲のようすを「たたずまい」といっている。五月は梅雨時に当たり、田植えの季節である。

この例では雲の「たたずまい」は落ち着いてはいない。「たたずまい」が「立つ」と関係するとすると、「立つ」はぬっと現れ出る感じがあるから、この雲のようすは激しく動いてあらわれていることを思わせる。

「たたずまい」は「たたずむ」に反復、継続をあらわす「ふ」がついて成立した「たたずまふ」の連用形が名詞になったものである。その元の「たたずむ」にはしょんぼり立っている感じがある。しかし、古典にはそういうニュアンスはないようだ。たぶん、近代社会のなかで個人の内面への関心が深くなり、立っている姿に内面を覗く表現になったのだと思う。学生の頃、友人というほど親しくはなかったが、詩を書く男がいて、彼の詩にしばしば「たたずむ」という言葉が出てきたのをよく覚えている。漢字で「佇む」と書いてあった。私はこの字は好きではなかったが、その詩においてはこの漢字がふさわしく思えたのはなぜだったのだろうか。詩自体は少しも覚えていない。たいした詩ではなかったような気がする。（古橋）

たおやか

「撓む」のタワと同根で、「たわやか」の母音交替形の語。「たわやめ」が「たおやめ」になるのと同じ。「たわやめ」は、『万葉集』に「手弱女」と表記した例があり、「手弱し」という語もあることとで、手の力が弱い女と取られがちだが、やわらかくしなやかな女の意。そういう女というより、女をほめた言い方である。

『枕草子』「草の花は」の段に、

萩、いと色深う、枝たをやかに咲きたるが、朝露に濡れて、なよなよと広ごり伏したる。

（萩がたいそう色濃く、枝を撓ませて咲いているのが、朝露に濡れて、なよなよと広がり伏しているのはすばらしい。）

の例があるから、「たおやか」は撓んでいるようすをいっていることは確かである。

女を表現した例として、平安後期の物語文学『浜松中納言物語』をあげておきたい。この物語は、主人公の浜松中納言が、亡父が中国の第三皇子に転生していることを知って渡唐し、皇帝の后と恋仲になるというように展開していくもので、おもしろい。天皇の血筋と中国の皇帝が対等の関係になっている。王族は庶民とはまったく異なる種と思われており、どこの国の王族だろうと、皇室に近いと考えられていた。中納言がその后を見ている場面である。

もてなしありさま、ものうちのたまへる気配、日本の人にいささかも違はず、たをやかになつかしうやはらかになまめき給へるありさま、この国の人には似ざりければ、候ふ人も、宮の御ありさまに似つつたをやかなれば、……。

（態度やようす、ちょっと何かおっしゃる気配が日本の人に少しも違わず、なよなよとしてやわらかで親しみ深く、上品で優美でいらっしゃるようすが、この国の人らしくないので、お仕えする人も、宮の御ようすに似てたおやかなので、……）

とある。「たおやか」のニュアンスがすべて説明された感じで書かれている。この場面だけでなく、日本人と比べる書き方が諸処にしてある。

この物語は中納言の亡父が皇帝の第三皇子に転生していると述べたように、中国の朝廷と日本の朝廷が同じ血筋になっていくわけで、王族として同一視されている。天照大神の子孫というよりも、中国の朝廷に価値を認めているといえる。

「たおやか」は女の身体的な特徴をよくあらわす語といえる。それゆえ、古典では女の魅力をあらわす言葉になっているが、心の態度として活かしたい語である。近代社会は、自由であるようにみえて、意外に精神的に硬直していると思えることがしばしばある。価値の多様化ということがよくいわれるが、禁煙問題に象徴されるように、悪いとされると、たとえば排気ガスのほうが悪いのに、誰もそういうことはいわなくなる。日本だけでなく、南アジア、東アジアのような多神教的な感受性は、一つの真実を認めるわけではなく、やわらかに現実に対応していく。「たおやか」な心の態度でいるのがいいと思う。（古橋）

長《た》ける

彫《ほ》り物に長けた人、鼓《つづみ》打ちに長けた人、などという。「長ける」は、ある方面に人一倍優れた技術を有することだ。もともと背が高いこと、あるいは成長して背が高くなることを言った。身長のことを「身の丈」「背丈」ともいう。その「たけ」も同語である。樋口一葉に『たけくらべ』という小説がある。「たけくらべ」は成長盛りの子供が並んで背丈を比べあうことである。一葉の小説は『伊勢物語』の一小話を踏まえたもので、美登利《みどり》という少女が年頃を迎えて、幼なじみの男の子たちとの間に、段々に性の別や恋を意識しだす過程を描いたものである。

季節や時間が過ぎて深まる意味にも用いられ、「日がたける」「春たける」などという。また「春たけなわ」ともいう。高齢になる意味にも用いられ、「年たけて」ともいう。いずれも最盛の時から、それがやや過ぎる辺りの頃を指して用いられるのが、この言葉の独特のニュアンスである。「たけなわ」は「宴たけなわ」など、催し事などにも用いる。これも爛熟、円熟の時から、それをやや過ごした辺りまでの頃あいを指して言われるようだ。その微妙なニュアンスが捨てがたい。十分な状態、といった感じがこもる。

「猛々しい」「おたけび」「猛り狂う」などの「たけ」もこれと同語であろう。これらも男子が成長して雄々しくなった姿から出たのであろう。ヤマトタケルという雄々しい武人が『古事記』や『日本書紀』には登場する。その名も、大和の国の勇者を意味している。（森）

そこはかとない

対象となる事柄、状態をはっきりと示す意の「そこはかと」という副詞があった。「そこは彼と」である。

そこはかと思ひ続けて来てみれば今年の今日も袖は濡れけり　（新古今　巻八・八四一）

哀傷歌で、亡くなった人の一周忌に墓参りをしたときの歌である。亡くなった人のことをあれこれと思い出していることを「そこはかと」といっている。たぶん、「そこはか」に「墓はどこそこだ」を掛け、墓を目指して着いたことを表現していると思う。

その否定形が「そこはかとなし」である。やはり『新古今和歌集』から引いてみると、

神無月風に紅葉の散るときはそこはかとなくものぞ悲しき　（冬　巻六・五五二）

というわかりやすい例がある。初冬に、紅葉が風に散るのを見てなんとなく悲しくなるという内容である。目的、核心、理由などがはっきりしないさまをいう。

「そこはかと」という副詞よりこの「そこはかとない」が成立すると、本家より圧倒的に優勢になる。このなんとなくという雰囲気が日本文学の情緒に深くかかわることをよく示していると思う。軽くいえば、なんとなくだが、重くいえば、物事の本質をそう捉えている。日本語の文化には、物事は変化していくものであり、一つの論理で説明できるものではないという考え方が基本にある。批評より、物語や和歌が中心にあるのはそれゆえだ。

たぶん誰でもが知っている例がある。『徒然草』の序文である。

つれづれなるままに、日暮らし硯に向かひて、心に移り行くよしなしごとを、そこはかとなく書きつくれば、あやしうこそもの狂ほしけれ。

(所在ないまま、一日中硯に向かって、心に次々に浮かんでは消えていくわけもないことを、とりとめもなく書きつけていくと、ふしぎにさまざまな感興がわいてきて、妙な気分になる。)

「そこはかとなく書きつける」とは、心に浮かぶままに脈絡もなく書いていくことをいっている。そうして書いていくと、いつもと違ったおかしな気分になるというのである。

書くという行為自体がそういう面をもっている。文体に動かされている感じがする。いうならば、自分を超えたものに憑かれているようにして書くのである。決して自己表現というような甘ったるいものではない。だから、学生に書くのを勧めている。自分を超えるものを知り、それに身を委ねることが重要なのだと思う。自分なんてたいしたものではないということを知ることで、自分がという思考から解放される。そして、文化や社会が自分にとってどういうものか分かる。そういうものを追求することで、再び自分に帰ってくることができる。

ただし文体は自分で作らねばならない。自分が納得いく文体が書けたとき、その文体は自分を超えて普遍の側に立っている。(古橋)

つややか

光沢があって美しいさま。

平安期の文学では服装についていう場合が圧倒的に多い。『枕草子』「なまめかしきもの」としてあげられている、

青やかなる簾の下より几帳の朽木形いとつややかにて、紐の吹き靡かされたる、いとをかし。

（青々とした簾の下から几帳の朽木形の模様がたいそうつやつやとして、裳の腰紐が風に吹かれ靡いているようすはたいそう趣深い。）

は服装ではなく、几帳の模様だが、布製だから変わりない。平安文学には服装についての描写はとても詳しく書いてある。服装は季節に合わせるのを基本として、それぞれが自分に合うように、また美しく繊細に工夫していた。いわばその美を競い合っていたのである。

服装は人の身分や職掌をあらわしていた。現代は警察官、自衛官、船員などに残っている。私が高校生の頃は制服があり、私は一律が嫌いだったから、なるべくセーターを着ていた。そのおかげで、生意気だと上級生に呼び出されたことがある。大学生もまだ学生服を着ている者がけっこういた。しかし、制服はいい面もある。それを着ていれば紛れるからである。そして、何を着るか考えずにすむ。

「つややか」は「つや」の形容動詞形である。「つやめく」という自動詞もある。したがって、

つややかに見えるといった語になる。人物にも用いられる。『大鏡』に、藤原道長が、道兼の後を受けて内覧の宣旨を受けた時のようすが、

御顔は赤み、濡れつやめかせ給ひながら、御口は快く笑ませ給ひて、「あはや、宣旨下りぬ」とこそ申させ給ひけれ。

と語られている。（道長はお顔を赤く、濡れてつやつやさせながら、お口もとは気持ちよさそうに微笑みをたたえて、「ああやっと宣旨が下った」と仰せられたのであった。）道長は興奮して、顔を赤くつやつやとさせて、口元には笑みを浮かべていたというのである。『大鏡』はこういう描写がとてもうまい。得意な道長が浮かんでくる。

「つやっぽい」というと色っぽいというニュアンスになる。芥川龍之介『戯作三昧』（一九一七年）を引いておく。曲亭馬琴の家に和泉屋市兵衛が原稿を依頼に来る。他の作家の話をしながら、強引に引き受けさせようとしている。為永春水のことを出して、

兎も角あれで、艶っぽい事にかけては、達者なものでございますからな。それに名代の健筆で。

と、馬琴を煽る。もちろん馬琴は断る。この小説は馬琴の自意識と芸術への欲求を書いたものである。春水は戯作者としての意識をもち、「私は作者じゃない。お客さまのお望みに従って、艶物を書いてお目にかける手間取りだ」といっているのを、馬琴は聞いたことがあり、軽蔑している。芸術としての文学を追究する馬琴にとって、いわばエンターテイメントぶる春水は侮蔑の対象なのだ。（古橋）

なま

生煮え・生乾き・生意気・生合点・生病方・なまぬるい・なまじっか等々、これを頭に置いたことばは多い。中途半端なことを表している。ためらっているのを「煮え切らない」というように、完全になることが「煮える」なら、「なま」はそれに至る途中ということになる。

古典語にもこれを用いた語は多い。駆け出しでまだ本物になっていない人物を指して、生公《きん》達《だち》・生女房・生侍《ざむらい》などと言った例がある。平安時代の『平中物語』には「なまゐなか」という語も見える。ちょっと田舎めいた所、の意味である。

「なまめく」ということばがある。これは未熟なふるまいながら、それが初々しく、かえって人目を引くことである。『伊勢物語』には、成人になったばかりの男が、奈良の春日の里で、「いとなまめいたる女はらから」（たいそう初々しい姉妹）を垣間見てすっかり夢中になってしまう話がある。魅力的な娘たちだったのだろう。異性を魅惑的な姿勢で誘うことも「なまめく」と言った。これが形容詞になった「なまめかし」は、ひかえめに包み隠しながら、奥から匂い出てくるような優美な魅力を言い、時代が下ると若い女の性的魅力を表現することばになっていった。円熟し完成した美しさもあるけれど、また一方で未成熟、未完成なものが奥に美しさを包みながら予感させる様にも、かえって人をハッとさせるような刺激的なものがある。その初々しさが好まれるらしい。（森）

おかしい

「おかしな顔」は悪口に近い。「その意見はおかしい」といえば、奇妙でまゆつばものだという非難に当たる。現代語の「おかしい」はあまり良い意味に使われない。

「おかしい」は古典語では「をかし」といった。語源は異説もあるが、滑稽な愚か者を言う「をこ」にあると説くものが多い。ちょっと普通でない変なもので、思わず笑ってしまいそうなものに接したときの思いをいう。変わっている、奇妙だ、滑稽だ、といった意味である。現代語の「おかしい」はもっぱらこれに繋がる。

ところが古典語ではもう少し幅広く、並のものとは違って心を引きつける素晴らしい事物、行為にも用いられた。趣がある、美しい、可愛い、魅力的だ、などといった意味である。「おもしろし」や「あはれ」とも近いが、それらに比べ直感的、主観的で、際だった趣や美しさに用いたようだ。一つのことばに否定的、肯定的、正反対の二つの意味が共存するのは不思議だが、「をこ」には滑稽な猿楽《さるがく》の技に長《た》けた人を言った例が『日本三代実録』(六国史の一冊)にあることから、人の笑いを誘う道化の芸能などは、一方では興趣溢れるものでもあるから、その辺から両方の意味が生じたのだろうと、柳田國男の「鳴滸の文学」は説明する。「おかし」は「あはれ」よりは明るい、朗らかな感動を表すようだ。

「をかし」を多用したのは『枕草子』である。「夏は夜、月の頃はさらなり。闇もなほ、蛍の多く飛びちがひたる。またただ一つ二つなど、ほのかにうち光りて行くもをかし。雨など降るもをかし」（夏は夜が良い。月のある頃はまして良い。闇夜でも蛍がたくさん飛び交うのは趣きがある。またたくさんでなく一、二匹がほのかに光って飛ぶのも素晴らしい。雨が降るのも趣きがある）。季節の趣を、清少納言は実に生き生きと感じ取っている。この人は自分の感覚をほしいままに解き放っている。この一文だけからでも、その人柄が分かるようだ。

四季折々の自然の風趣についていうほかに、『枕草子』には「成信《なりのぶ》の中将は、……かたちいとをかしげに、こころばへもをかしうおはす」（成信中将は……容姿も大層美しく、お心持ちも魅力的でいらっしゃる）といった例も見える。人の容姿や気構え、心の持ちようなどの優れているのも「をかし」といった。こういう男子が平安時代の理想的な貴公子で、女たちにも好まれた。このような男子こそ、真に風流な恋のできる人でもあったのだろう。

そういえば『和泉式部日記』には、式部が五月雨《さみだれ》のころ、所在なく物思いをしていると、まるでその心を見透かしたかのように、恋の相手の帥宮《そちのみや》から手紙が届く。帥宮の心遣いを式部は「をりを過ぐしたまはぬををかしと思ふ」（機をお逃しにならないのが素晴らしいと思う）と記す。雨の日は男は訪ねて来ないのが当時の風習で、女は寂しく不安になりやすい。そういう時に手紙を送るのが男の配慮、これこそ女の心をつかむ恋の極意なのである。

滑稽な冗談やつっこみも、チャンスをみごとに捉え、また相手のその時の気分を的確に捉えて元気づける気の利いたものこそ、真に心から笑える。「おかしい」に、肯定的な意味で使われた、こうした歴史があったことを忘れたくない。（森）

おもしろい

大学の教壇に立ち始めた若い頃、自分の講義について学生から、「ためになった」「勉強になった」などと言われるより、「おもしろかった」と言われるのがうれしかった。

「おもしろい」は、面白い、と漢字を当てるが、この漢字どおり、物の表面が明るく目を引くこと、または素晴らしいものに接してこちらの顔が明るく白むこと、などに語源があるのではないかと言われる。平安時代初期の『古語拾遺《こごしゅうい》』（忌部《いんべ》氏の氏文《うじぶみ》）には、太陽神の天照《あまてらす》が岩屋から出て来たときに、天上界が晴れて神々の顔が明白に見えた。それを喜んで神々は、「あはれあなおもしろ　あなたのし　あなさやけ　をけ」（ああ面白い、ああ楽しい、ああさやかだ）と言ったと見える。この例が案外語源を正しく伝えているように思える。太陽神が出て来て物がはっきり見えた。太陽が照れば、それに照らされてこちらの顔も明るむ。したがって物の表面が明るむことと、それに照らされてこちらの顔が明るむことは繋がる。つまり「おもしろい」ということは、こちらの顔も明るむような、明るく素晴らしいものに接したときの喜びをいうことばなのではないか。右の例には「さやけ」ということばが一緒に並べられていることからもそれが分かる。明るくさやかにものを見たときの感動である。

『万葉集』には山道の光景や野の様子を言った例、また聖武天皇の恭仁京《くにきょう》が作られた布当《ふたぎ》の原を言った例などが見え、さらに贈り物の袋を見て言った例も見える。だいたいは明るい自然に対しての感動を言ったが、素晴らしい作り物にも言ったのである。平安時代になると、月を「おもしろし」と捉えた例がよく見え、花や紅葉に言った例も多くなる。月は光を発するものだし、花や紅葉も明るく照り輝くものであるから、大筋は変わっていないが、『万葉集』の例に比べると美しいものに傾いている。この時代から中世にかけては、さらに好ましく演奏された音楽や舞の姿、たくみな和歌のことばなどを評して言うようにもなる。『源氏物語』（紅葉賀）には光源氏の美しい歌声が、極楽浄土に住む迦陵頻伽《かりょうびんが》という美声の鳥のようで、「おもしろくあはれ」だといった例が見える。風流心が深まるのにつれて、この語が表す意味も、人為的なものも含め、美しく味わいの深いものへの感動になっていったらしい。

近世以降にはやや軽みを帯びて、風変わりで滑稽なことに言う例も出てくる。もともと並のものに対しては感動がなく、そうでない、普通とは異なるものに接したときの感動を言うのだから、そのような例が出てきても不思議はない。

さらに近代に入って、「おもしろくないなりゆきだ」とか、「病状がどうもおもしろくない」など、否定の形をとって、望ましくない、意にそまない、ことをいう例が出てくる。これは興味深い用例で、「おもしろい」が、単に物の姿や色彩ばかりでなく、心に喜ばしい感じを与える情況や状態に対して向けられている。そのことは最初の例に戻って、天上界の主宰神天照の再生（太陽の輝きの増大）が与える喜びを「おもしろし」といったことと、隔たってはいるが繋がってもいる。心や顔を明るくさせるような充足感、愉快感が、このことばの本来の意味であり、そこには至って健康な精神の歴史が刻み込まれているようである。（森）

あじけない

本来は「あぢきなし」だが、「あじけない」というのが普通になっている。「味も素っ気もない」という定型的な言い方があり、「あじけ（味気）ない」は「味がある」の反対の意と思われがちだが、別の系統の語らしい。どうにもならない状態をさし、諦めを含んだ不満な気持ちの表現にもなる。『枕草子』は「あぢきなきもの」として、

わざと思ひ立ちて宮仕へに出でたちたる人の、物憂がり、うるさげに思ひたる。養子の、顔にくげなる。しぶしぶに思ひたる人を、強いて婿取りて、思ふさまならずと嘆く。

（わざわざ思い立って宮仕えに出た人が、いやだ、めんどうだと思っている。養子に取った子で、顔が憎らしい。娘が気の進まぬ男を無理に婿に取って、思うようにならないと嘆くようす。）

という例をあげている。ともに、自分の意志でしたことなのに、思い通りでないと嘆いている状態に対していっている。

「あじけない」が名詞として「あじけなさ」に、形容動詞として「あじけなげ」になるように、けっこう使われている言葉である。

永井荷風『腕くらべ』（一九一七年）に、芸者の置屋をやっている、講釈師を引退した呉山が「老後の身の果敢《はか》なさ、世のあぢきなさを一時に感じ出した矢先」、芸者の駒代の身の上を知って

深く同情する場面がある。駒代は身よりもなく、一度地方に妻として引かれたこともあったが、夫が若死にし、いづらくなって新橋に戻り、また芸者になっている。そして、二十代も後半になってきて、面倒をみるといっている実業家との関係を決めかねたり、これからの身の振り方を考えねばならなくなってきている。漠然とした不安な状態にあるのである。「世のあぢきなさ」は世間が思い通りにならない状態をさしている。

永井荷風の小説はこういう女の心を巧みに書いていくものが多いが、置屋の男主人呉山の気持ちと重ねている。私には縁のない世界の話だが、なんとなくしんみり読ませられる。

世を「あじけない」と感じるのは何事かあって落ち込んでいる時である。そういう時こそ、世の中は思い通りにならないものだな、と普段あまり思わないことを考える。いうならば、自分の状況を普遍化する思考が働くのである。このような思考こそが人間的なものだ。食べたりセックスしたり、異性に対して自分を飾り立てたりするのは他の動物もしている。自分の個別的な状況を他の場面と比べたり、抽象化して普遍的な真理を導くことのできるのは人間だけなのだ。

われわれは普段そんなに深刻に考えたり、抽象化したりという思考をしていない。生活は淡々と繰り返されていき、われわれは年を取り身体が老化してやがて死を迎える。しかし、必ずわれわれは問題に出会い、考える。「あじけない」はそういう際の感慨をいう言葉といえる。（古橋）

さやか

さやかさん、という名前の女性が多い。ひびきも良いし、意味も星空や新緑や澄んだ川の流れを連想させて清らかだ。「子」を付けない女性名が流行する時代になり、澄子・清子などに替わる同意味の名として登場したのだろう。沙也佳・紗弥香・清香などと漢字にした例もある。

もともとこの語は、「さやさや」という、木の葉などが風に吹かれる音や様を表した擬音語ないしは擬態語から出た。他に動詞「さやぐ」、形容詞「さやけし」、副詞「さやに」などがあり、みな語源は同じである。

類似した語に「さわぐ」（古くは「さわく」）がある。これは多分「さわさわ」「ざわざわ」という擬音語に由来する。やかましく言いたてることを「さわさわに言ふ」といった用例が『古事記』に見える。こちらがいつまで経っても不吉で悪い意味であり続けたのに対し、「さやさや」ははじめは自然の霊力の不気味さを表したが、早い時代に人の心に馴化して、心地よい音と意識されるようになり、「さやぐ」「さやか」も、自然の霊力でも人に清々しく感じられる状態を表す語になっていった。『万葉集』の時代にすでに、「朝月夜さやかに見れば」「行く水の音もさやけく」などと表現されるようになっている。

この語は本来、音の感じを表したが、擬音語と擬態語は基本的には繋がっている。人間の五感は繋がっているから、音を聞いただけでそれの姿をも想像しうるわけである。それゆえさやかな音を立てる物から、それの姿を想像してゆくうちに、今度は姿だけで音のないものにも同様の語を当てはめるようになって、月の光などについても、それの澄んで明瞭なことを、この語で表した。そんなにはっきり書くべきでない、という意味のことを「かくさやかには書くべしや」と言った例が、『源氏物語』（若菜下）に見える。動詞形の「さやぐ」は現在あまり使われなくなった。「さわぐ」がよく使われるのと対照的である。「さやぐ」と同じ意味で、「そよぐ」が使われ、それが主流になったのである。「そよぐ」は「さやぐ」が変化したことばであろう。けっこう古く『古今集』にはすでに見えている。

昨日こそ早苗取りしかいつの間に稲葉そよぎて秋風の吹く　（巻四・一七二）

（昨日早苗を取って田に植えたのに、いつの間にか稲の葉がそよいで秋風が吹くよ）

もちろん「そよそよ」という擬音語も平安時代には見えるから、さやさや→そよそよ→そよぐ、と展開していったのだろう。「そよぐ」から変化した形に「そよめく」という語もあり、濁音化した「ぞよめく」もある。前者は心地よい音に、後者は不快な音に用いられる。濁音は聞いて美しくない。擬音語からできたことばは、昔の人の音感を伝えている。

「さやか」に「け」を添えた「けざやか」という語もある。ケは「界」の呉音（中国大陸南部から伝来した音）ではないかと考えられている。境界、対照が明瞭なことに言う。

擬音語や擬態語から生成してきたことばからは、昔の人たちがどのようにしてことばを育て、段々に高度な意味を獲得していったかが理解される。（森）

ゆるぎない

私が高等学校に入学した時のことだ。男子ばかりの古い、バンカラな学校であったが、入学直後のオリエンテーションで、応援部の先輩たちから校歌の練習を何度もさせられた。校歌は著名な詩人の作詩であったが、一番は「校舎の礎動きなき」という出だしで始まる。中学を卒業したばかりの私にも、えらく無骨な歌詞だな、と思われたものだった。特に「動きなき」が、なんとも味のない言い方で気に入らなかった。

ところが授業が始まって暫くして、ある先生が雑談で校歌のことにふれ、「動きなき」は戦前の旧制中学時代には「動《ゆる》ぎなき」と歌っていたんだ、と言った。その先生の話によると、戦後の当用漢字音訓表の中には、「動」に「ゆるぐ」の訓が入らなかったこともあって、戦後、時がたつうちに段々「うごきなき」と誤読されるようになり、そう歌われるようになった。そしてとう学校の印刷物も「動ぎ」の送りがなを清音「き」に変えてしまう、ということが起こった、という次第であったらしい。それを聞いて、私の疑念は氷解した。

漢字をどう訓読するか、逆に和語にどんな漢字を当てるかという問題はなかなか規則にしにくいことで、「ゆるぐ」は現在の辞書類には「揺るぐ」と、「揺」の字が当てられている。「揺れる」との類縁関係からすればそれも合理的で、「動ぐ」の表記を別途に認めるのは煩雑だということになろう。書き方はなるべく一とおりの方がよい、という機能本意主義が、良し悪しは別として、戦後の国語政策の原則である。ただし固有名詞には、富山県に「石動」と書いて「いするぎ」と訓む地名がある。これは、いしゆるぎ、がつまったものだろう。

ゆるぐ・ゆらぐ・ゆれる、などの語は、もともと、ゆらゆら、という擬態語から派生したことばである。さらに、ゆるい（緩）・ゆるやか（緩）・ゆるす（許）なども、そうかも知れない。

「ゆらぐ」は使われるが「ゆるぐ」は今日ほとんど使われなくなった。わずかに「ゆるぎない」という否定形だけが命脈を保っている。決心とか方針とかが堅固なことを言う。これを「揺らぎない」で代替することは、やはり難しいだろう。「ゆるぐ」は「ゆらぐ」に比べ、小さい揺れを言う感じがある。したがって「ゆるぎない」は、まさしく、微動だにしない、意味になる。このニュアンスの差を大切にしたい。「決心が揺らいだ」という言い方もある。これは何か衝撃があって、決心が大きくぐらついた場合に言うのだろう。「ない」に続く場合は「ゆるぎ」の方が落ち着きがいい

「ゆるぎない」に比べ「ゆらぎない」は、どうもしっくり落ち着かない。なぜだろう。「ゆらぐ」は古く「ゆらく」といって、鈴などが揺れて音を立てることだった。揺れること自体を言うようになったのは近代に入ってからのようだ。「ゆるぐ」の方がはるかに古く、平安時代から見える。『源氏物語』には車が揺れながら進む様や、心が動く様を言った例がある。「ゆるぎなし」も中世から現れ、物についても心についても堅固なことを言った。したがって「ゆるぎない」の方がはるかに長い歴史を持つ。その歴史性というものは大切で、長く多くの人が使ってきたことばは、熟していて落ち着きがある。（森）

妙《みょう》

「妙」という字は、「妙な感じだ」「妙にだるい」、または熟語「奇妙」「珍妙」などと今日用いられる。不思議なことを意味する。しかしこの字は「女」と「少」を組み合わせた文字で、もともとは年若い女の美しさを表したものである。「妙齢」という熟語もある。「みょう」はその音読みである。ところが中国でもこの字は意味を広げ、極めて優れたものを言ったり、この世ならぬ神秘的なものを言ったりするように発展し、妙薬・妙味・神妙などの熟語もできた。日本でも中世から、発音も漢字の読みをそのまま用い、その意味で使われた。これは外来語である。

ところが奈良時代から日本人はその意味も知っていて、「妙」に「たへ」という日本語を当てて神秘的な美しさを表現していた形跡がある。「荒妙乃藤原」（あらたへのふぢはら）という字面が『万葉集』に見える。「たへ」は織物の原料の繊維を意味する。藤の繊維は荒いので「あらたへ」と言ったのだ。繊維は美しい。それゆえ「たへ」にこの文字を使い、この文字に「たへ」という訓読みができた。浦島が行った海の彼方の美しい宮殿を「たへなる殿（細有殿）」と表現した万葉歌がある。その歌では繊維を表す「細」という字を当てているが、「妙」との関係が意識になければ、「たへなる」が美しいという意味にはならなかったろう。

今でも「たえなる音色」などと言い、妙子さん、という女性も居る。中国語を何とか日本語化しようとしてきた、昔の人の努力がしのばれることばである。（森）

しなう

「しなう」は細い木の枝などが、柔らかく曲線状をなすのをいう。細い竹を「篠」と言うが、しないやすい姿から付いた名である。「たわむ」も似たように曲線状をなすことをいうが、本来直線状に張ったものが、何かの加減で曲線状になり、元に戻ろうとする力を持つ場合をいうようである。「しなう」は、そのもの自体に柔らかさがあって自然に曲がるのである。ともに形容動詞になって、「しなやか」「たをやか」という。剣道の竹刀も「しない」という。

『万葉集』には「心もしのに」ということばが見える。悲しいことや寂しい光景などに接して、心がしんみりすることを表現したものであるが、「しのに」は、しなった状態に、の意味だろうと言われる。また美しい人の姿は、男でも女でも、しなやかな体つきとして捉える意識があった。『万葉集』には、「秋萩のしなひにあるらむ妹が姿」（秋萩の枝のようにしなやかな姿でいるだろう妻の姿）、「立ちしなふ君が姿」（しなやかに立つ君の姿）などと表現した例が見える。女だけでなく男にも用いられるのは、貴族階層の美意識が芽生え、剛直なものより繊細なものを良しとする美意識が成立したからであろう。若いしなやかな女を『万葉集』では「たわやめ」と言ったが、これは「たわむ」からできたことばである。

「しなう」には、ものに順応する意味もある。川の流れに逆らわずに渡るのを「水にしなうて」と言った例が『平家物語』にある。勢いに柔軟に応じる姿でもある。（森）

日和《ひより》

家から一歩外に出て近所の人と顔を合わせれば、「いいお天気ですね」と挨拶するのが我々の習慣である。「日和」ということばはやや古くなったが、少し前までは「いいお日和ですね」と、「日和」ということばを使う人もいた。現在でも「絶好の行楽日和」「運動会日和」などという用い方をする。「日和」ということばには、何とも言えない穏やかさがただよう。暑くも寒くもない、風もない、良い一日だったなあ、と夕方になって振り返られるような日が想像される。

「日和」ということばは、本来は海上の天気、船の航行にとっての天気を言った。あちこちの海岸に日和山と名付けられた山がある。船を出す前にそこへ登って、天候や風向きを見定めたのである。それが一般化して海に限らずどんな土地でも天候をさして言うようになり、また特に好天をさして言うようにもなった。日和いかんで船出を決めたり見合わせたりするのは、海の怖さをよく知っているからでもある。これは古い時代には相当に重要なことだったはずで、ことに帆を掛けた和船には、風向きは何にもまして重要だった。

このことばは平安時代から見える。曽祢好忠《そねのよしただ》の歌に、次のように見える。

はるばると浦々けぶりたちわたりあまのひよりに藻塩《もしほ》焼くかも

（遙々と浦々に煙を立ち靡かせて、海人が日和に藻塩を焼いているよ）

「藻塩焼く」は海藻を煮詰め、それに付着した海水から塩の結晶を取る浜辺での製塩法である。

日和を見ることを「日和見」と言ったが、いつの頃からか「日和見主義」ということばができて、周囲の形勢やことのなりゆきを見て、自分の立場や態度を決める節操のない人を、批判することばになった。

　ところで日本では挨拶ことばとして、なぜ「いいお日和（お天気）ですね」と言うのだろうか。お仲人さんが結納の品を新婦の家に納めに来ると、「今日（本日）はお日柄もよく…」と言う。神社で神主さんが祭礼の時にとなえる祝詞には「今日の生《い》く日の足《た》る日に…」（今日の生き生きと満ち足りた好日に…）という文句が見える。めでたい営みは好日を選んでなされる立て前があったのである。吉事や祭礼ばかりでなくどんな営みも好日を選んですれば縁起が良く、上首尾に終わると考えられたから、「今日はいい日和です。こんな日にあなたとお目にかかれてご一緒できるのは幸いです」というのが、人と会って共に事をなすときの挨拶ことばになったのである。これが日本人の挨拶の心である。「こんにちは」「こんばんは」も、この挨拶ことばの冒頭を言って、後を省略したものであろう。

「日和」の語源説はいろいろあるが、「日選《え》り」で日を選ぶ意味だとする説は良い説だと思う。昔は労働も露天ですることが多いから、晴天の日を選んで行い、雨の日は家にこもっていた。「雨隠り」「雨障《あまづつ》み」（「障む」は慎む意）などということばが『万葉集』には見える。雨を不吉なものとして避けられたらしいふしさえある。この本を一緒に書いている古橋信孝さんには『雨夜の逢引』（大修館書店）という著書があるが、雨夜や闇夜には、男は妻問いを忌み避けたことを論証している。暗いから行かないだけではない、というのだ（「月の名」の項参照）。（森）

すがすがしい

すっきりして気持ちがいいという意。「すがすがしい朝」などと使う。「すぎ（過ぎ）」と同根。この語は『古事記』神代の、高天の原を追放され、出雲に降臨したスサノヲが八岐大蛇を退治した後、

宮造作るべき地を出雲の国に求めましき。しかして、須賀の地に到りまして詔らさく、「吾《あれ》ここに来て、あが御心すがすがし」とのらして、そこに宮を作りてましき、故、そこは今は須賀といふ。

（スサノヲは宮を造る場所を出雲の国に求めた。そして須賀の地にいらっしゃっておっしゃった。「私はここに来て、心がすっきり気持ちよくなった」とおっしゃり、そこに宮をお造りなさった。それで、そこは今は須賀というのである。）

という神話がある。須賀という地名がついた起源神話である。この神話は「八雲立つ　出雲八重垣　妻籠みに　八重垣作る　その八重垣を」という、『古事記』に最初に出て来て、和歌の起源とされる歌がうたわれ、クシナダ姫と神婚するというように続いていく。地上世界の始まりとかかわる重要な神話である。その神話で、神が心をあらわしたのがこの「すがすがしい」という言葉なのである。それゆえ神はそこに鎮座した。

「すがすがしい」はその状態を受け取る心の表現である。有島武郎『或る女』（一九一九年）に、

つやの部屋のきちんと手際よく片付いてゐるのや、二三日空家になつてゐたのにも係らず、台所が綺麗に拭き掃除がされてゐて、布巾などが清々しくからからに乾かして懸けてあつたりするのは一々葉子の眼を快く刺激した。思つたより住まひ勝手のいい家と、はきはきした清潔好きな女中とを得た事が先づ葉子の寝起きの心持ちをすがすがしくさせた。

という用例がある。夜に引っ越してきた家を、朝見回った時の場面である。清潔好きな女中によってきれいに片づけられた台所と住み心地のよさそうな家を見て、寝起きのまだぼんやりした状態から「すがすがしい」気持ちになっている。

「すがすがしい」は気持ちのいい朝の言葉として用いるのがもっともぴったりくるのかもしれない。私はあまり寝起きのいいほうではなく、胃がむかむかしているから、「すがすがしい」朝にあこがれる。

この『或る女』という作品は、明治も終わり、近代社会もある程度定着してきた時代の、女の生き方が問われていた社会を表現している。主人公の早月葉子はキリスト教の布教などに力を尽くした母の元で、いわば上流家庭の教育を受けて育っている。といっていわゆる円満な家庭というわけではない。そういうなかで自己形成した自意識の強い、しかし、自立できない女として書かれている。うまい小説ではないが、読ませるものがある。（古橋）

すさむ

動作、程度がひどくなるといった内容の語。「すさぶ」が変化したという。

天照大神の弟とされるスサノヲは「スサ＋ノ＋ヲ」で、このスサも「すさむ」のスサである。スサノヲは荒ぶる神として、高天の原を追放され、地上に降臨する。それゆえ罪の起源の神でもある。ところが、スサノヲは八岐大蛇からクシナダ姫を救い、結婚する。その時の歌が、和歌の始まりである「八雲立つ　出雲八重垣　妻籠みに　八重垣作る　その八重垣を」とされる。したがってスサノヲは地上の文化の起源とされていることになる。しかし罪の起源でもあり、その罪を起こす荒ぶる性格の起源でもあるといえるだろう。ということは、人間世界は荒ぶるものであり、罪あるものという認識があるのだ。だから、人間界は荒ぶるものを宥《なだ》め、罪を犯さないようにしていかなければならない。

松にはふまさの葉かづら散りにけり外山《とやま》の秋は風すさぶらん　（新古今　秋下・五三八）

（松にまつわるまさのはかづらは散ってしまった。外山の秋は風が吹き荒れているだろう）

窓近き竹の葉すさぶ風の音にいとど短きうたたねの夢　（新古今　夏・二五六）

（窓に近い竹の葉を吹きまろぶ風の音に醒めるたいそう短い夏の夜のはかない夢よ）

二首とも風の例をあげた。スサノヲが暴風の神でもあることが思い合わせられる。

「すさまじい」は「すさむ」の形容詞形である。『枕草子』は「すさまじきもの」として、昼吠えゆる犬。春の網代。三、四月の紅梅の衣。牛死にたる牛飼い。稚児亡くなりたる産屋。火おこさぬ炭櫃、地火炉。博士のうち続き女児生ませたる。方違《かたたが》へに行きたるに、主せぬ所。まいて節分などは、いとすさまじ。

と、すさまじいと感じられるものを列挙している。網代は冬に氷魚を採るもので、春の網代は季節外れになる。学問で生活している博士が男の子を授からないというのは跡継ぎがいないということ。学問はもちろん漢詩文で、男がするものだった。これは女性差別ではない。男と女の役割分担がはっきりしていた。文化の型がはっきりしていたのである。「昼吠ゆる犬」も、犬は夜に吠えるものだという観念からの発言で、やはり文化の型を示している。犬の役割分担は、夜に異郷の者（物）が侵入してくるのを防ぐというものであった。

方違は陰陽道の考えで、天一神がいる方向には向かっては行けないので、方向を変えて目的地に行くため、あらかじめ人の家に泊まることがあった。その際、客として対応してくれないことをいっている。節分もごちそうを準備したらしく、にもかかわらず、そのごちそうをだしてくれないということ。

『枕草子』は当時の宮廷生活における平均的な美意識を書いている。ただし、宮廷文化は洗練を競い合うものでもあったから、女房たちがたとえば「すさまじきもの」を題にしてみんなで言い合うようにしていたと思われる。『枕草子』はこのように物尽くし的に次々あげていくことが多いことも、この書物の性格をあらわしている。（古橋）

5　あいさつのことば

おかげさま

人の世話になって物事がうまくいった時に「おかげさまで…」と挨拶する。この「おかげさま」の「かげ」にはどんな意味がひそんでいるのだろう。

素朴な暖房具しかなかった戦後ぐらいまでは、よく「ひなたぼっこ」というのをした。建物の南側の壁のくぼみなど、北風や東西からの気流が遮られて、陽射しだけが当たる、いわゆる「陽だまり」で、体を温めることだ。穏やかな外気、外光には身をさらすが、厳しい風や陽光は避けたい。これは日本人だけのことではないだろうが、緯度の高いヨーロッパに住む人たちは、夏でも激しい陽射しに身をさらそうとするようだ。日本人は逆に直射光線を好まず、春・秋でも微妙な半陰の場所を好むところがある。木漏れ日の場所とか遮蔽物の下とかが好きだ。

自然の荒々しい力に身を晒すことを忌む文化が、日本にはあった。月の光も、特に女や子供が浴びることは不吉とされた。貴人に従者が編み笠を後ろからかざす風習もあった。

笠の下や物陰に寄ることには、何となくそれに守られているという安心感がある。山や林を背にして、南に傾斜地が開ける位置に家を建てたいと思う。喫茶店では壁際や衝立てのそばの席が、電車の座席では隅の手すりのそばが好まれる。

『古今集』にこんな歌がある。

万代《よろづよ》をまつにぞ君を祝ひつる千歳の蔭に住まむと思へば　（巻七・三五六）

（万年もの長寿を期待しお祝いします。私はその蔭に千年も過ごしたいので）

ある娘が父親の還暦の祝いに詠む歌を、素性法師が代作したもの。掛詞にめでたい松（待つ）・鶴（〈祝ひ〉つる）を出して、なかなか味な歌だ。松に父を、その木蔭に住む鶴に自分をなぞらえているのだろう。蔭は父親の庇護を意味する。

あなたのお蔭で、私は安心して仕事ができました。

あなたのせいで、私は大損をしました。

似たようなことばだが、「おかげ」は恩恵を蒙ったときに、「せい」は迷惑を蒙ったときに用いてきた。近頃は多少混同されている。「せい」は本来「所為《しょい》」という漢語で、しわざ・行ない、の意味。「せい」には相手の積極的な作為がある。それに対して「おかげ」は、相手が何もせず無言でも、傍に居るだけでこちらは恩恵を受けている、といった感じがある。それゆえ、「おかげさまで」という感謝のことばには、相手の力を大きいものとして敬う気持ちがこもる。これも大きなもののかげで安心感が持てるという心から出た思いだろう。

また自分は自分一人の力で生きているのではなく、たえずまわりの力に助けられて生きているのだ、という感謝と謙譲の心があって、我々は、お元気ですか——はい、お蔭様で、というような会話を日常的にしている。別段、相手の力添えを受けているわけでもないのだが、そう言う。

そう言えば、人の役に立ちたいと思う側も、よく「蔭ながらお役に立ちたい」「蔭ながらお祈りしている」などと言う。自分の力を目立たせたくないのである。物蔭に身を寄せたり隠れたりすることが、我々には何となく居心地が良く、安心なのである。（森）

ありがとう

ここ数年と思うが、テレビのゲストや解説者を迎えた番組で、終わるに際して、アナウンサーがゲストや解説者に「ありがとうございました」というと、ゲストや解説者も「ありがとうございました」と応える。NHKはすべてそうだから、ある時そういうふうにするという指令が出たのだろう。これは挨拶としておかしい。「ありがとう」に対する応えは「いえ、お粗末さまでした」「いたらないところもあったでしょうが、お許しください」など、謙遜するものであった。これは互いを尊重する関係における言い方である。それに対して、双方が「ありがとう」というやり取りは「ありがとう」の意味が軽くなって、朝に会えば「お早う」、昼間に会えば「こんにちは」程度のたんなる挨拶の言葉になっているように思える。したがって迎える側の来てもらった感謝の気持ちが薄くなっている。

ゲストや解説者はお金をもらう仕事として出演しているのであり、それに対する「呼んでいただいてありがとう」というニュアンスと解することもありうるが、それをNHKが指導するのはおかしいから、人に感謝する気持ちや謙遜する気持ちが薄くなっている状況があるのかと考えてしまう。

ところが、この話を学生にしたら、何とも思っていなかったらしく、私の説明に対して、自分が呼ばれたことに感謝する気持ちで「ありがとう」というと応えた。プライドはないのかといいたくなる。自分が呼ばれるには呼んだ側のその問題に対してきちんとした解説をするという評価があったはずである。その分野に対しプライドをもつべきだと思う。

実をいうと、「ありがとう」については前から考えていた。きっかけは外国旅行である。レストランで給仕してくれる人に対して、外国人が「サンキュー」といっている。日本ではそういう習慣はない。映画で、奥さんがメイドに用事を頼み、それを果たしたことに「サンキュー」というように応じているのは見ていた。

私も帰国してからは、女房に何かしてもらった場合「ありがとう」というようになった。そうしたほうが、関係がスムーズになるような気がしたのだ。主婦業のたいへんさは分かっている。日本ではなぜいわないのだろうか。家庭内では気持ちが通じていることが最も重要なことで、感謝しなくてもわかっているという状態が最もいいからである。商社に勤めていた兄は外国生活が長く、向こうでは、仕事中でも、夫が妻に「愛している」と電話しているのをしばしば見たという話をしていた。われわれはばかばかしいと思ってしまう。気持ちが通じ、よけいな気遣いをしなくていいのが家庭だと考えている。向こうの家庭は言葉にしないとわからないということなのだろうか。

日本文化の基底には、言葉は心をうまくあらわせないという認識があると思う。だから、虚構の物語文学が発達し、すぐれた作品を生み出すことになった。心は和歌によって表現しうるという考え方が『古今和歌集』の序にある。物語文学にも、登場人物の心を表現する場面には和歌がある。そういう基本的な認識から、言葉に重きを置かない文化が育まれた。だから、言葉に出さないで、察することを重要視する。

日本は近世に町人文化が育ち、近代に直接繋がっていった。すると、料理屋で「ありがとう」などといわないのは、その町人文化以来のものだと思う。店の側は、客に日常生活とは異なる、いわば大名気分を味わわせられれば最高だ。だから、客に「ありがとう」などといわせてはいけない。

江戸期の町人文化はそうとうに層が厚い。それは都市が全国にあったからである。十八世紀に、最も都市が多くあった国は日本だったという（加藤祐三・川北稔『アジアと欧米世界』世界の歴史25、中央公論社、一九九八年）。百万都市の江戸、五十万都市の大阪、三十万都市の京都という具合に、日本は都市が多くあった。幕藩体制は各藩に城下町を生み出した。そして大名は参勤交替で江戸に行かねばならなかったから、江戸の文化が全国に広まった。江戸を頂点とする都市の文化が成立していったのである。もちろんそれまでに京の公家の文化も広がっていた。十八世紀後半には全国に寺子屋が普及し、識字率が七、八割という状況があったことも関係する。そういうなかで、身分とは異なる、店と客という関係における文化が育ったのである。

この文化は近代のサービス業の展開に大いに関係する。そして最近では、外国のホテルなどのサービスに、日本のやり方が評価を得て、輸出が行われている。

ヨーロッパではどうなのだろうかと、同僚の英、独、仏の教員に尋ねてみた。こういうことは書物にほとんど出てくることではないから、よくわからないというのがだいたいの内容だったが、挨拶の言葉がおかしくなっているという点に関して、フランス文化の望月ゆかさんが、コンビニで店員に「こんにちは」と挨拶されるのが気になるといっていた。彼女の友人がフランスのコンビニでこちらの癖が出てつい「ボンジュール」といってしまい、店員や客に妙な顔をされたという話をしていた。

もちろん店員の挨拶は「いらっしゃいませ」である。これに対してこちらは応えない。「こんにちは」といわれれば、こちらも「こんにちは」と応えるのは当然だ。

「ありがとう」という言葉で気になったことをもう一例あげたい。四、五年前になるが、教育実習の学生の授業をみたことがあった。その実習生は生徒に教科書を読ませても、質問に答えさせても、必ず「ありがとう」というのだ。教科書を読ませるのはきちんと読むことを身につける教育のはずだし、質問に答えさせるのは理解力と論理的に話させる教育であるはずである。それを「ありがとう」といってしまっては、生徒に対応してもらっていることになってしまう。それでは教育ではない。たぶん、実習生自身が、知の価値を知らず、自分たちより知を蓄積している教員を尊敬したことがないのだろう。教員を友だちのように思うなんてもってのほかだ。

ちなみに、私は演習の教室に午前中は「お早う」、午後は「こんにちは」と言いながら入る。もちろん、学生も応える。そして、終わりには「お疲れさま」と一礼すると、学生は「ありがとうございました」と応える。私の演習に出ている学生は知の価値を知っている。私も、学生に知への興味を喚び起こすような問を次々出し、学生は考え考え、答えようとする。そして知のおもしろさをたのしむことができるようになっていくのである。（古橋）

すみません

他人に許しを乞う時、「すみません」と言う。誰も数えたことなどないだろうが、一日に何度このことばを使うか、念のため数えてみたら相当な数になるだろう。私なんぞも小心者で人間関係を悪くしたくない一心で、随分このことばを使ってきたように思う。許しを乞う時だけでなく、人に声を掛ける時も、ちょっとそちらの物を取ってもらうような頼み事の時も、すべて「すみません」だ。電話の初めの「もしもし」にも等しい符牒のようである。それほど多用されると、当然ことばは軽くなるから、本当に謝らなければいけないときは、このことばを何度も連発するか、頭に「まことに」とか「本当に」ということばを添えるか、あるいは苦労して別の重々しい詫びことばを探さなければならない。逆に言えば、このことばは、人間関係を円滑にするための挨拶ことばになっていて、活用範囲が広く便利なことばなのだろう。

「すみません」とはどういう意味なのだろう。「済む」は物事が完了する、できあがる、決着することである。そのうち完了する意味での用い方を見ると、例えば「交渉が済んだ」とは言うが、「春が済んだ」とはあまり言わない。「済む」は物事が終わる場合でも、人が起こした物事について言うのだと分かる。決着がつくことを意味することばなのである。

誰にでも懸案がある。気にかかって解決しようと乗り出したが、なかなか解決に至らない場合の気がかりは、誰もが経験していることだけれども、苦しいことである。とにかくまがりなりにも決着がつけば安心だ。小学館の『日本国語大辞典』の「済む」の項には、高知県地方の方言として、「あそこのお嬢さんは東京の方にすんだそうな」という用例を掲げている。嫁入り先を探し始めてやっと決まり、嫁いだのだ。親たちの安心感が滲み出ていて、ほろりとさせられる。もっとも他の地方でも「片付く」と言う。「片付く」も「済む」と同義のことばである。どこでも親の思いは同じなのだろう。

逆に「済まない」とは、起こしたことがまだ中途にある意味になる。「勘定を済ます」とか「返済を済ます」とか言うが、借りがあって返さぬうちは、両者の間の権利義務の関係は済んでいない。我々はこの中途半端、特に借りがあるという状態を嫌う。「すみません」は、したがって逆に、「あなたに借りを作ります」という意味であり、私には負い目が生まれ、あなたを優位に立たせます、という相手へのへつらいのことば、相手を良い気分にさせようとすることばなのである。謙虚、謙譲を美徳とする伝統が、ここには表れている。

おもしろいのは「相済み」ということばである。お互いの間に相手への貸し借りが重なりあっていて、談判をしあった結果、双方が貸しで借りを埋め合って帳消しにする話し合いがついた場合などに言う。二人が同等になれば、それで物事は、済み、一件落着、なのだ。

物をもらうのはうれしいが、負い目になるのはつらい。だからもらい物には少し多めにお返しをしてしまいがちだが、少なすぎてもいけないが、多めに返すと今度は相手に負い目を与えることになる。ちょうどのポイントを探り出す知恵が、人づきあいには必要だ。「すみません」は、そうした微妙なバランスを探ろうとすることばでもあるのだろう。（森）

断りの言葉

飲めないから

私はあまりつき合いのいいほうではない。実際内の家系はアルコールに弱く、商社に勤めた兄は練習といって、寝る前にワインを飲んだりしていた。それで少しは飲めるようになる。私も教養学部時代はクラスコンパなどにつき合わされ少しは飲めるようになったが、文学部に進学してつき合いが個人的になったこともあり、また突然勉強を始め、一日百ページ、一週間千ページなどと課して読書をしていったこともあり、飲む機会が減って元に戻ってしまった。

今の大学に移った直後は教授会の後など、よく誘われたが、飲んで不満や人の噂を聞いているのがばかばかしくて、ほとんどそういう席は断るようになった。「断りの言葉」は「飲めない」である。それでも最初の頃は少しはつき合っていた。だからあまり飲めないのは知られたから、その断りの言葉がすぐ受け容れられるようになり、しばらくすると誘われなくなった。断りの言葉は事実だが、断る理由は別にもあった。けっこうみんな大酒を飲み、会計になると、割り勘になる。そして「古橋さんは飲めなくてかわいそうだ」といいながら十円単位で割り勘にする。私はいじましくなってしまう。だいたいどうして割り勘でなければならないのかの理由ははっきりしないのに、当然と信じている俗な習慣がおかしい。「いじましい」の項で述べたように、自分がいじましく感じてしまうのは嫌だ。だからそうさせる者も嫌だ。

というわけで、私にとって「飲めないから」という「断りの言葉」は、半分はそういう人たちとつき合いたくないからだ。そして、そういう人たちが不満をぼやき、噂話で費やしている時間を、私は書斎で読書をしたり、原稿を書いたりしていたのだった。

体調がよくなくて

「飲めないから」というだけでなく、私は基本的につき合いがあまり好きではないから、電話で誘われたとき、「体調があまりよくない」といって断ることがある。不健康なわけではないが、痩せているし、ピリピリしているところがあったから、それが受け容れられたと思う。いや、「断りの言葉」とわかっていたかもしれない。「断りの言葉」はそれ以上突っ込んではいけない言葉だ。体調が悪いといわれても、それがほんとうかどうか他人からは確認できない。身体に関することはあまり口に出してはいけない。まったく個人の領域に属しているからである。

この「体調が悪くて」という「断りの言葉」は『源氏物語』など平安期の物語文学にしばしば見られる。「悩まし」という言い方である。「悩まし」はまさに「気分がよくない」「体調が悪い」である。この断りの言葉はいつでもどこでもあるに違いない。

私、始まっちゃったの

他にあまり見られないが、なるほどと思わせる例がある。『落窪物語』で、姫君のもとへ少将が隠れて通うようになって、現代の結婚式に当たる三日の餅の準備をするために、仕えているあこきは姫君の側にいなければならない。ところが一家は石山寺に願いをしたその「御願はたし」に出かけるので、あこきにも同行するように、継母からいわれたときの「断りの言葉」である。あこきは「にはかに汚れ侍りぬ」といって断るのである。「汚れ」は月の障り（月経）である。「突然始まってしまいましたの」とでも訳したらいいだろう。継母は「よにさもあらじ。かの落窪の君のひとりおはするを思ひて、いふなめり（絶対嘘でしょう。あの落窪の君が一人になってしまうのを考えて、そういっているだけでしょ）」と疑う。するとあこきは、「ひどいことをおっしゃいますね、お供に参れとおっしゃるなら参りましょう。こんなたのしいことを見たくないなんて誰も思いませんわ」と応ずる。当時物詣では、今で言えば観光旅行みたいなもので、たのしみに出かけるものだった。しかし寺や社には汚れを持ち込んではならなかったから、こういわれては継母はそれ以上追及できない。調べることなどできないのだ。ほんとうは、継母は月の障りだといわれれば、黙って引き下がるほかなかったはずだ。にもかかわらず、継母は思ったことを口にしてしまう。

この継母はよく書けていると思う。なかなか憎めないところがある。それに、少将からいじめの復讐をされたうえで、土地や邸が返されるといわれたとき、素直に感謝しない。潔いのだ。私は密かにこの物語の書き手は継母に肩入れしているのではないかと思っている。どんな親も子供が憎いと思ったことがあるはずだ。亡くなった河合隼雄さんとのこの『落窪物語』についての対談で、こういう話をしたら、河合さんも賛成して、母と娘の対立の話をし、そういうなかで子が成長するというようなことをいっていた（『物語をものがたる』小学館、一九九四年）。子は親を見て育つが、自我を形成していくなかで必ず親と対立する。そしてその対立を経て大人になっていくのである。その過程で子は親にずいぶんひどい言い方をすることがある。女房が息子に「この婆あ」といわれているのを耳にしたことがある。子は表現もじゅうぶんできないし、親にだったら許されるという安心感からそういう言い方になってしまう。親はそう思って耐えるほかない。だから、あまりに仲のいい親子を見ているとこの子はどう成長するか心配になってしまう。

月の障りも「断りの言葉」になった。これも身体にかかわることで、誰も反論できない。若い頃、つき合っていた女と会いたいため、認められていた生理休暇を取らせたことがある。こちらは学生だったから授業をさぼればいい。勤め人はそうはいかないので、女の特権である生理休暇を取るほかなかったのである。家族の病気などは休みを取る理由にならない時代だった。私的な領域に関することは個人で処理するのが常識だった。私には今でもそういう倫理観がある。ちなみにその女が今の女房である。（古橋）

6 さまざまなことば

いろは

今は、日本語の音は五十音図に示される。しかし実際にはヤ行がヤ、ユ、ヨの三音、ワ行がワの一音で四十四音があるとされている。では五十音とは何かとなるが、元はそういう音があったということになる。少なくとも、ワ行のヲが助詞ヲの表記として残っている。このヲはワ行に分類されているから、ｗｏであったことが推察されるだろう。

五十音図は母音と子音の組み合わせを示す科学的な図で、音韻学がなければ考えられないものである。仏教の経典についての研究のなかで、音韻学が成立していったことから、日本語の音韻についての認識が生まれ、五十音図がつくられたのである。

しかし、日本語の音をすべて示したものとしてはイロハのほうが古い。イロハはいろは歌という平安期の歌謡である今様のスタイルにされて、広まった。習字の手習いにされたという説もある。そのいろは歌をあげてみる。

いろはにほへと　ちりぬるを　　色は匂へど　散りぬるを
わかよたれそ　つねならむ　　我が世誰ぞ　常ならむ
うゐのおくやま　けふこえて　　有為の奥山　今日越えて
あさきゆめみし　ゑひもせす　　浅き夢見じ　酔ひもせず

正確に訳そうとすると意味の繋がりがわかりにくいが、仏教の無常をいっている。「有為」は仏教語で、さまざまな因縁によってこの世にあらわれた現象をさす。広まった理由には、この無常観を表現していることにもある。

平安後期に『色葉字類抄』という辞書も作られた。「いろは」はそのくらい普及していったのである。現在の辞書はアイウエオ順だから、アイウエオが基準になっている。試験問題の選択肢もアイウエオと番号がつけられている。

私も大学に就職して作った試験問題の選択肢はアイウエオであった。ところが、現在の職場である武蔵大学に移っても、試験問題を作らされることになったが、選択肢はなんとイロハニホであった。私がアイウエオでもいいような気がするというと、私より十歳上の近代文学の教員がどちらでもいいのだったら、イロハでもいいのではないか、どこも一律にアイウである必要はない、イロハは古くからの文化で愛着があるというようなことをいった。私はすぐに納得し、二十年近くそのままだった。ところが、五、六年前、最近の大学らしく、入試委員会から、選択肢はアイウエオにするようにというお達しがあり、誰も抵抗せず、責任者がその意向を受け入れる態度だったので、私も何もいわず、とうとうアイウエオになった。大学は上からのお達しを教員が唯々諾々と従う方向になっている。そして、現在私は教授会に出る権利も義務もなくなって、授業だけ担当していればよい身分になっている。（古橋）

妹背《いもせ》――和歌のことば

和歌では恋しあう男女の間では、互いに相手を「いも」「せ」という。「いも」は男から女を、「せ」は女から男をいう。さらに情をこめて「子」を加え、「我妹子《わぎもこ》」「我が背子《せこ》」と呼んだりする場合もあった。『万葉集』に多く、後に少なくなる。『万葉集』の歌を引く。

今は我は死なむよ我妹《わぎも》逢はずして思ひ渡れば安《やす》けくもなし　（巻一二・二八六九）

（今は私は死ぬだろうよ。我が恋人よ。逢わずに恋い続けると気が安らかでない）

人言を繁み言痛《こちた》み我が背子を目には見れども逢ふよしもなし

（人のうわさが頻繁でやかましいから、我が背を目には見るけれども逢うすべがない）

「いも」は妹、「せ」は兄を意味することばである。平安時代には兄を「せうと（兄人）」といった例が見える。恋しあう男女は、歌では、特別に相手を肉親の妹や兄に擬《なぞら》えたのであって、日常語として用いたわけではないのだろう。歌ことばなのである。今日にも残る中国の少数民族の歌垣（男女が歌を掛け合いで歌って求愛する習俗）でも、パプア・ニューギニアのある地域の歌でも、「兄さん」「妹よ」と歌うというから、古くは案外世界的だったのかも知れない。

恋人同士の親愛の情はこうした特殊な擬えをしないと表現できなかった。特異な比喩や擬えのことばは、普段の話ことばとは違う「歌」という形のなかでこそ、比喩として通じたのであろう。兄と妹の恋はタブーとされていた。『古事記』には同母兄妹で通じ合って処罰された話が見える。

だから日常の理性的なことばとしては、恋人同士がこうした言い方はしなかったはずだ。ところが歌では逆にスリリングなこの言い方が生きたのである。

裏側から言えば、こうした普段使わないことばを使うことが、歌の体面を支えているのである。歌ことばでは蛙を「かはづ」、鶴を「たづ」、空を「天の原」、海を「わたつみ」といったりする。そのようにいうと歌らしく聞こえるのである。少しむずかしく言えば、蛙・鶴を「かはづ」「たづ」と表現すると、それは現実の蛙・鶴を超えた美的に再構成された蛙・鶴になるのである。あたかも絵画の中に描かれた風景が、たとえ現実の風景の写生であっても、現実を超えた美的な風景になるのと同様に、である。それらの方が、本物の蛙・鶴よりも、詠み手の感受性や作意を通して、それらの本源の姿をかえってよく抽出しているかもしれない。我々が詩や絵画に感動するのは、それに心を打たれるからでもある。空を「天の原」といったとき、「原」という語によって、空の平らで広大な広がりが表現される。「わたつみ」は本来海の神を指したことばであるから、海の神秘的な迫力が表現される。空、海を「天の原」「わたつみ」と表現した方が、かえってそれらの本源を捉えられる、ということがあるのだろう。

私はかつて鶴を歌ことばで「たづ」ということについて、小論を書いたことがある（勉誠社刊『古代和歌の成立』）。「たづ」は古歌ではしばしば、遠く離れた人の消息を伝える鳥、人の霊を運ぶ鳥（霊魂鳥）として詠まれる。私の消息を知りたくなったら空行く「たづ」に尋ねてみろ、というような内容の歌がある。おぼつかない遠い人の消息に関連する、「尋ぬ」「たどる」「たづたづし」（たどたどしい、の意）などのことばのタヅ・タドが、歌ことば「たづ」の由来なのではないかと論じたのである。もしもそう考えてよいとすれば、これも鶴という鳥の本源の性格を表すことばであることになろう。またそうすると、「たづ」という歌ことばは、現実の個別の一羽一羽の鶴を超えて、このことばを用いる人々の心が捉えた、鶴の心象であることになるとも考えられる。およそ詩歌のことばとは、どんなことばもそうしたものであろう。

「いも」「せ」の場合にも似たようなことが言えるのではないか。恋という激情によって結ばれた男女当事者にとっては、血を分けた実の兄・妹以上に相手が兄らしく、また妹らしくあるのかも知れない。異なった言い方をすれば、恋人同士は、互いに同じ家で兄妹として育てばよかったというような願望を、無意識の奥に持っていて、それが歌のことばに顕在化された、ということなのかも知れない。

吉野川の下流（紀ノ川）には、川を挟んで二つの山が向きあう所がある。これを妹山・背山、合わせて妹背山といった。これもよく歌に詠まれた。浄瑠璃・歌舞伎の『妹《いも》背《せ》山《やま》婦女《おんな》庭訓《ていきん》』はこを話の舞台の一つにした脚本である。

歌ことばは詩語であるから、日常的にはあまり用いられない。現在ではなおさらで、「妹背」も、ときたま改まった言い方として「妹背の契り」などと用いられるぐらいに過ぎない。だから残したい日本語のうちに数えても、残しようがないとも言える。しかし歌ことばには、日本語の意味の形成の秘密が隠されていたり、日本人の心の持ち方や美意識がひそんでいるようで、とてもおもしろい。この項では「妹背」をその代表にあげて書いてきたわけだが、「歌ことば」と呼ばれるものがあったということを、忘れないでいたいものだと思う。（森）

塞翁《さいおう》が馬――故事成語

故事成語とは中国で古いいわれ（故事）をもって使われてきたことばを言う。残したい日本語に加えると中国人から異論が出るかも知れない。しかし日本人も古くからよく使ってきた。たくさんあるが、「塞翁が馬」はその中でも白眉の一語である。中国古代の『淮南子《えなんじ》』という書物にこういう故事が記される。北辺長城のほとりに住む老人（塞翁）の飼育する馬が要塞の外に逃げ出した。他人が不運に同情したが、やがてその馬が駿馬を引き連れて戻ってきた。他人は慶びを言ったが、今度はその駿馬に乗って息子が落馬し骨を折った。他人は同情したが、やがて外敵が襲って来て若者たちは戦い、多くの者が死んだ。塞翁の息子は足が不自由だったので戦闘への参加を免れ、父子ともに命を全うした、という話。幸不幸には定めがなく、何が幸いするか、わざわいするか知れぬ。一時の幸いは喜ぶに足りず、わざわいもまた悲しむに足りない。

実際、こういうことは我々の人生にもたくさんある。お給料の良い会社に就職したが仕事が大変きつくて体を壊し、退職して前と比べると安月給の会社に再就職したら、良い上司や同僚に恵まれ、けっこう仕事も張り合いがあって、楽しくできる。まあ、これはこれで良かったと思う、というようなことが…。就職、結婚、転居等々、人生の岐路において、このことばはよく噛みしめてみるに価することばだ。「禍福は糾《あざな》える縄の如し」（わざわいと幸いは縒り合わせた縄のようだ）という語が『漢書』その他に見える。これも同趣旨のことばである。（森）

初心忘るべからず――先人訓

先人の残した教訓的なことばは中国にも日本にも多い。どれもそれを口にしたり書物に書き残したりした先人の、痛切な人生体験や深い思索から出ていて、感銘を与えるものが多い。どれをとり上げるべきか迷うほどだけれども、「初心忘るべからず」は、世阿弥の中期の能楽論『花鏡』に見えるもので、日本の先人訓の代表ともいうべきものだ。

世阿弥の言う「初心忘るべからず」は、三つの趣旨からなる。第一は、能を始めた頃の初心を忘れると、その後の上達した能の位置、能の是非が分からなくなる。第二は、年盛りから老後にいたる段階段階の能に初心で立ち向かわないと、その年齢相当の能を習得できない。第三は、老後の至高の芸を初心を以て習わなければ、それ以前の各時期に学んだことを踏まえた老後の風体を達成できない。世阿弥は三つを「是非の初心」「時々の初心」「老後の初心」と名付けている。

世阿弥の第二、第三の趣旨は、芸には年齢なりの達成があるのだから、絶えず初心で向かわなければならない、ということだ。今日では一般に、熟練しても謙虚な気持ちを忘れるな、忘れると失敗することがある、という意味で使われる。それも人生に示唆的だが、世阿弥の第二、第三の「初心」の意味も意義深い。何事にも年齢に相応した新境地がある。それが人間に長い人生が与えられていることの意味なのだろう。老後もまた楽し、である。老いてもなすべきこと、考えるべきことはたくさんある、ということだ。（森）

お早うお帰り――地方のことば

妻の実家が大阪にあったので、若い頃、私はそこを宿によく京都・奈良へ出かけた。そんな日に出がけに「行ってきます」と言うと、亡くなった義母が必ず「お早うお帰り」とことばを返した。関東生まれの私は、これが人を送り出す時の関西人の挨拶ことばだと、なかなか飲み込めなくて、いつも「はい早めに帰ります」などと気まじめに受け答えしたものだった。

なぜ関西ではこう言うのだろう?。よく考えると、暗くなって難儀な目に遭わないように、との気遣いなどではなく、もっと深い心からのものだと思い当る。おそらく「私はずっとあなたの帰りを待ち続けている、だから早く帰ってよ」という関西人独特の優しい心の表現なのだ。関東の「行ってらっしゃい」にも、「ご無事に行ってらっしゃい」という情愛が含まれているにはいる。しかしだいぶニュアンスが異なる。関西語の方がずっと情が深い。

この「お早うお帰り」は古典語とも深い繋がりを持ったものらしい。だいぶたってからそう私は気づいた。『万葉集』には何首か、遣唐使に任ぜられた人を送り出す歌がある。その中の一首、山上憶良の「好去好来の歌」では長歌の中で「…つつみなく幸《さき》くいましてはや帰りませ」（つつがなく無事にお出でになり、早くお帰りなさい）と言い、続いて次の短歌を添えている。

大伴の御津《みつ》の松原かき掃きて我立ち待たむはや帰りませ　（巻五・八九五）

（船の着く大伴の御津の松原を掃き清めて私は立って待っています。早くお帰りなさい）

人を旅立たせる時、「早くお帰りなさい」と言ったのだということが分かる。

立ち別れいなばの山の峰におふるまつとし聞かばいま帰り来む　（巻八・三六五）

（別れて出発しても、私の行く先の因幡《いなば》の山の松ではないが、あなたがたが「待つ」と聞いたら、すぐにも帰って来よう）

『古今集』の、在原行平《ゆきひら》が因幡の国に赴任する時の歌である。往なば／因幡、松／待つ、は掛詞。私は若い頃、この歌に素朴な疑問を感じていた。国司として地方に赴任する者が、公務もあろうに、知人らの「待っています」の一言で、すぐに帰れるわけもないだろう、なぜこんな言い方をするのだろうか、という疑念である。それが「お早うお帰り」を参考にすると解けてくる。別れの場で見送る方は「お帰りを待っています」、出かける方は「じきにあなたがたの所へ戻ります」と言い交わすのが、こうした場面での昔の挨拶だったのだ。互いに相手を思いに掛け続けることが、別れ別れになる者どうしの、再会の日までのたしなみだったのだろう。何という優しい心だろうか。私の義母への「早めに帰ります」という返答も、まんざらではなかったことになる。

近代の国語政策は、東京山の手のことばを基礎に共通日本語（標準語）を作り上げてきた。ために、それ以前に共通語としてもかなり機能していた関西語は、一方言の地位に下った。関西のことばだけでなく、一般に地方のことばは軽視しがちだ。しかしむしろ、地方地方のことばの豊かさを慈しむべき時代に、我々は今日際会していると見るべきではないか。地方語の方にこそ、また、古典語との繋がりの濃密なことばが残っている。（森）

年齢の名

七十歳のことを祝意を込めて「古稀」と呼ぶ。先生がこの歳になったのを祝ってお弟子さんたちが、「○○先生古稀記念論文集」と題した本を作って献呈し、師の恩に報いようとする例は、今でも学界でよく見かける。

なぜ七十歳を「古稀」というのだろうか。盛唐の詩人杜甫《とほ》の詩「曲江二首」の二首めの詩に、「酒債《しゅさい》は尋常行く処に有り　人生は七十古来稀なり」という二句が見える。そこから、中国でも日本でも七十歳を「古稀」「古稀年」などといったのである。「曲江」は長安郊外の池。名勝であった。四十歳代後半、杜甫は天子の側近の任に就き長安にいた。朝廷からの帰途、酒舗に寄り酩酊しては周囲の風光を楽しんだようで、その思いを詠んだ。酒代を借りられる酒舗は常日ごろ至る処にあるが、人生は七十まで生きることが昔から稀である（だから大いに酒を楽しもう）、という意味である。中国の詩人たちは酒を愛した。杜甫と並ぶ同時代の詩人李白も酒豪を以て知られる。詩・酒・琴は、俗世間を忘れ自由の境地に生きようとする漢詩人たちの愛好物であり、白楽天はこの三つを「三友」と称した。

長寿を祝うことは古くからの習慣である。日本では平安時代には「四十の賀」といって、四十歳から祝い始めたようである。「五十の賀」があり、六十歳は生まれた年の干支に帰るので「還暦」といった。「還暦」は中国でも言う。中国では還暦を「華甲」ともいった。「華」の字は

「十」を六つと「一」を一つ合わせた字体であるからだという。数え年では「六十一」歳が還暦に当たる。「甲」は干支の最初が「甲子」（きのえね）なので、干支の初めを意味する。

日本の長寿を祝うことばとしては、右の「華」の要領に習った次のような言い方がよく用いられる。但し中には中国で用いられたものもある。七十七歳は「喜」の略字が「七」を重ねて書くことから「喜寿」、八十歳は「傘」の略字が「八」と「十」の字を重ねることから「傘寿《さんじゅ》」、九十歳は「卒」の略字が「九」と「十」の字を重ねることから「卒寿」、八十八歳は「米」の字を分解すると「八十八」になるので「米寿」、九十九歳は百から一を引くので「百」の頭の「一」を除き「白寿」、さらに百歳は文字どおり「百寿」、百八歳を「茶」の字が「八十八」の上に「十」が二つ乗った形をしているので「茶寿」という。これらは本来数え年によったが、最近は満年齢によることが多くなった。

以上は長寿を祝うことばであるが、それ以外に『論語』に見える孔子のことば「吾、十有五にして学に志す。三十にして立つ。四十にして惑はず。五十にして天命を知る。六十にして耳順《したが》ふ。七十にして心の欲する所に従ひて矩《のり》を踰《こ》へず」によって、十五歳を「志学」、三十歳を「而《じ》立《りつ》」、四十歳を「不惑」、五十歳を「知命」、六十歳を「耳順」、七十歳を「従心」という。また『礼記《らいき》』では、二十歳を「弱」といい（十歳を「幼」、三十歳を「壮」、四十歳を「強」という）、その年元服して冠を着ける定めだったので、「弱冠」ともいい、日本でも用いた。最近では二十歳前後の若い年齢の人をやや幅広く指すようになって、「弱冠十九歳」などとも言う。（森）

季節の名

季節を表す日本語はまことに豊かである。まず中国から渡ってきたものとして「二十四節気」がある。旧暦は年によって季節との間にくるいが生じるので、それを補うために考え出された。立春・雨水・啓蟄《けいちつ》・春分・清明・穀雨・立夏・小満《しょうまん》・芒種《ぼうしゅ》・夏至・小暑《しょうしょ》・大暑《たいしょ》・立秋・処暑・白露《はくろ》・秋分・寒露・霜降《そうこう》・立冬・小雪・大雪・冬至・小寒・大寒の二十四節で、立春は新暦の二月四日頃、以下半月間隔で続く。黄河中流域の気候によって名付けたが、日本の気候にもけっこう適合し、小暑・大暑の頃には暑中見舞いを出し、立秋後の暑さを「残暑」、逆に立春後の寒さを「余寒」というなど、日本人にもよく浸透している。

四季や二十四節の観念は、宇宙や自然の秩序だった推移を理想とする思想から生まれものである。それゆえ支配者の政治・儀礼・祭式などは季節に即して行われなければならなかった。その考えは古代日本にも輸入された。『古今集』を初めとする勅撰和歌集は、冒頭の数巻に四季の歌を置き、理想的な季節の推移を示すように歌を配列している。

一つの季節を三分して「孟春」「仲春」「季春」（以下同）などといったが、日本では「早春」「初夏」「晩秋」などの言い方もよく用いられる。「中秋の名月」は旧暦八月（中秋）十五夜の月だ。

中国から入ったもので別にめでたい五節句（節供とも）がある。人日《じんじつ》（正月七日）・上巳《じょうし》（三月三日）・端午（五月五日）・七夕（七月七日）・重陽《ちょうよう》（九月九日）である。仕事を休み、幸いを迎え入れるために厄除けなどをした。人日の七草粥、上巳のひな祭り、端午の菖蒲などは、みな厄除けである。仏教では春秋の彼岸に死者がこの世に帰るとされたが、この時期は寒さ・暑さの納まる時期なので、「彼岸」は季節のことばにもなった。

月の異名として日本人が古くから使ってきたのは、一月から順に、睦月《むつき》・如月《きさらぎ》・弥生・卯月・皐月《さつき》・水無月《みなづき》・文月・葉月・長月・神無月《かんなづき》・霜月・師走である。種々の語源説があるが、多くはよく分かっていない。

季節の像が定まると、くるいにも敏感になる。日本人は、桜が咲く頃の寒さを「花冷え」、暖かい初冬を「小春日和」などという。また秋は収穫と紅葉の季節だから、麦の収穫時の六月頃を「麦秋」、竹の子に養分を取られて親竹が黄ばむ四、五月頃を「竹の秋」などとも言う。

立春から数えて八十八日めの夜は「八十八夜」（新暦五月初め）といい、同じく「二百十日」が九月の上旬に当たる。ともに季節の変わりめで、それぞれ播種、稲の花盛りの目安の時なので、異常低温や大風を警戒した。その他俳句の季語などに用いられることばなどがある。春には「木の芽時」「花時」「苗代時」、夏には「炎暑」「酷暑」「冷夏」、秋には「そぞろさむ」「うそさむ」「夜長」、冬には「寒の入り」「寒中」などである。

沖縄には初夏の好季を表す「うりずん」「若夏」などということばがある。（森）

月の名

『古事記』『日本書紀』の日本の神話では、天照《あまてらす》大神、月読《つくよみ》、スサノヲの三兄弟が見え、天照大神が太陽神だから、月読が月の神の神名となる。しかし、月読みは暦すなわち日読《こよ》みと対応する言葉である。暦（日読み）は伊勢神宮が全国に配ったように、神々の領域である未来を示すものである。そして「読む」はその神々の意志を読み取る呪術的な行為をあらわしている。したがって月読みは月から未来を判断すること、そして呪術者のことをいったと考えられる。今でも毎年出ている旧暦を見てみればわかるように、吉凶が記されていたりしている。吉凶は結婚式の日取りなどを決めるわけで、未来を決定することになる。古くは種蒔きの日なども記されていた。

というわけで、月読は月を扱う呪術者だった。呪術者は月が憑依して月の意志を知る呪術をもっていた。その憑依した状態を考えれば、呪術者月読が月になっていることになるから、それで月も月読と呼ばれても不思議はない。

月の力と逢い引き

『万葉集』に、額田王の、

にぎた津に船乗りせむと月待てば潮もかなひぬ今は漕ぎ出でな　（巻一・八）

という歌がある。月を待っていると潮がちょうどよくなったから船出をしようというのは、月と潮の関係を知っていなければ成り立たない。月が潮の干満をつかさどっていると考えたので、月が先に詠まれる。

このように、月には特別な力があると考えられていた。だとしたら、月光を浴びることは普段は憚《はばか》れるはずである。『更級日記』に縁近くに出て月の光を浴びた姉が亡くなるという例も見られる。人は夜には外に出ないものだった。昼は人の時間帯、夜は神の時間帯という住み分けが成立した。

しかし、恋愛は夜にするものだった。ではどのようにして外出できたのだろうか。『万葉集』の歌をみていると、

闇夜《やみ》ならばうべも来まさじ梅の花咲ける月夜に出でまさじとや　（巻八・一四五二）

（闇夜なら来ないのもうなずけます。梅の花が咲いているのが美しく見える月夜にいらっしゃらないなんて）

というような歌が多くあり、月の出ている夜は恋人が訪ねて来るものだったとわかる。すると、恋人は月の光に導かれて来るといえる。もちろん明るいからだが、先の月の光を浴びることは避けるものだったということと矛盾してくるではないか。そこで考えられるのは、逢い引きに出る者はむしろ月の光に守られるということである。この考えが正しいためにはどういうことが必要かというふうに考えを進めてみる。すると、逢い引きという行為が特別なものであればいいということに到るだろう。古代では、逢い引きは夜にだけするものだった。人々は昼に活動し、夜は神々の時間帯だと考えると、逢い引きは神々の側の行為だと考えつく。確かに恋愛は人の心を異

常にする。恋人のことが思われて仕事も手につかない。「あばたもえくぼ」で、恋している時は欠点も美点に見えてしまう。というわけで、神といわなくてもいいが、恋愛をしている人は普通の人から外れ、向こう側の存在に近づいているとはいえる。それゆえ月の光を自分を守るものにすることができるのだ。

十六夜の月

このようにして、恋人は月の出を待ち、逢い引きをすることができたことがわかる。すると月の光に守られて逢い引きに出るとすると、逢い引きできるのは月の出ている夜だけになる。新月の夜はできないわけだ。ではどのくらいの夜に可能かははっきりした資料がないからわからないが、たぶん夜中に月が出るのでは遅すぎ、夜中に沈んでしまうのでは早すぎるだろう。月につけられた名によってある程度の推定ができると考えている。

山の末《は》にいさよふ月を出でむかと待ちつつ居るに夜そ更けにける　（巻七・一〇七一）

（山の端に出るのをためらっている月を待っているうちに夜が更けてしまった）

と、月の出を待ち焦がれているうちに夜が更けてしまったという歌がある。月を待っているだけだとすると、夜が更けてしまったというのはおかしい。必ず月は出るからだ。これは恋人の訪れを待っているのである。そうしているうちに月が出たが恋人が来ないで、夜が更けてしまったという意味の歌としか考えられない。この「いさよふ月」が十六日の夜を「いざよひ」と呼ばせるようになった。恋人を待っている気持ちがそうさせたのである。満月の翌日、昨夜の充実した夜の記憶があると思うのがいいだろう。

十六夜を「いざよひ」ということは、十七夜の月を立待ちの月、十八夜の月を居待ちの月、十九日の月を寝待ちの月というように連続して名があることと繋がっていると想定させる。庭に出て早く来ないかと立って待っているのが十七夜の月、来ないので縁先で座って待っているのが十八夜の月、そして諦めかかって寝て待っているのが十九夜の月というようになる。

逢い引きできる夜

つまり、これらの名がついている月の名は恋愛からできた言い方ではないかと思われるのである。ということは、逢い引きできるのは十九日までだったのではないかという推定を可能にするだろう。では満月の前はと考えれば、同じ日数を満月以前に延ばして十一日くらいではないかと思う。この計算でいけば、逢い引きできる夜は九日となる。

市民講座でこういう話をしたところ、後で、数人の中年の女の方から、男は昼は働き、夜は女のところへ通ってサービス（実際この言葉を使った）しているとすると、よく体がもつと思っていたので、今日の話はとても納得がいったといわれた。

専門家には、月夜でなくても逢っている例があるなど、反発をかっていたが、用例主義は大切であるが、すべてのものに例外があると考えるべきである。学者は用例に縛られすぎていて、こういう説には反証をあげるだけだ。ある学者がある学会誌に私の論に対する反論を書いた。書き始めに、自分の勤める大学の多くの学生が月夜の逢い引き説に乗ってしまい、間違いを糺すものを書かざるをえなかったとある。私はその大学の学生がかわいそうでならなかった。大学の教員は権威だけでなく権力があるから、先生にそういわれると従わざるをえない。教員は権力にならないように常に心がけていなければならない。たいてい、知を硬直化させているのは、そうしていない教員だ。知を権力化しているのである。

この説は反証はそうとう挙げることができるが、八割近くは私の説の正しいことを証明している。そして、市民が常識的な判断として納得がいったというのは生活感覚として価値を認めるべきだと思う。市民の疑問にどう応えたらいいのか、その学者は自分の説を示すべきだと思う。

実をいうと、私は論文として書けないと考えて、この本を出してくれる版元の辻一三さんにお願いして『古代の恋愛生活』（ＮＨＫブックス、一九八七年）を出した。学術論文としてはうまく書けないと考えたのである。だからといって、誤っていると思ってはいない。それが用例の八割以上は合っているというレベルである。

付け加えておかなければならないことがある。月の光に守られながらということは、暦では月が出るはずでも雨や曇りの夜は月が出ないから逢い引きはできないはずだということである。実際にそういう歌もある。そう考えてみると、逢い引きできるのは月の中、七日くらいなものではないだろうか。だから恋歌がたくさんあるのかもしれない。

ただし、平安期になると、この禁忌はだいぶ緩くなるようだ。（古橋）

時刻の名

古い時代の一日の時刻は、二十四時間を二時間ずつに分けて、十二支を当てて呼んだ。深夜零時前後の二時間を子《ね》の刻とし、以下、丑《うし》・寅《とら》……とした。さらにその刻を、「一つ」（一刻・一点とも）から「四つ」までに四分した。草木も眠る「丑三つ」時といえば、したがって午前二時から二時半ぐらいまでに当たる。さらに特に夜については、戌《いぬ》（二十時前後の二時間）から寅（四時前後の二時間）までの五つを、「初更《しょこう》」「二更《にこう》」…「五更」と呼んだ。

朝の時間をいうことばにはまず「あかつき（あかとき）」がある。「あかときやみ」という語が『万葉集』に見えるので、明るむ前の暗闇をいったようだ。現代語とは少し異なる。明るんでくる頃は「あけぼの（曙）」といい、さらに「しののめ（東雲）」ともいった。「つとめて」という語もある。『枕草子』の冒頭には四季の趣のある時刻を列挙しているが、「春はあけぼの」「冬はつとめて」としている。どれも早朝を言ったものらしい。「あけぼの」は夜明けのほのかな明るみを意味し、「しののめ」は、篠を編んだ家屋の壁面の隙間から射す日をいったとする語源説があるがよく分からない。「つとめて」は早い時刻をいう「つと（夙）」に関係する語という。古代宮廷では、官人は暗い内に参勤し日の出とともに仕事に当たった。「務め」ということばも「つとめて」のツトと関係があるであろう。「しののめ」は『万葉集』に見えるが、「あけぼの」「つとめて」は平安時代にならないと現れない。

「朝」は意味の幅が広い。「昼」が「夜」と対《つい》をなすように、「朝」は「夕」と対の関係で用いられる。「夕」が昼間の一日の終わり頃をいうのに対し、「朝」は始まりの数時間を指していうのであろう。古代日本には一日の単位を朝から始まるとする観念と、夜から始まるとする観念とが並行していたようであって、「朝」は前者によるものであり、後者の観念では、「朝」に相当する時間を「あした」といったらしい。「あした」が後の時代に「翌日」の意味になるのもそれゆえであると考えられる。

「昼」は日のある明るい時間全体を言い、「夜」は日没から日の出までの暗い時間を言ったと考えてよいだろう。「夜」の初め頃を「宵《よい》」とも言った。夜の時間は、ゆふ・ゆふべ（夕）→よひ（宵）→よなか（夜中）→あかつき（暁）と推移したと思われる。「宵に逢ひてあした面無《おもな》み」（宵に訪ねてきた夫に逢い、翌朝明るいところで見交わして恥じ）という表現が『万葉集』にみえるので、「宵」は暗くなってからを言うらしい。

夕闇時を「たそがれ」、朝のほの闇時を「かわたれ」という。薄暗くて人の姿がよく見えないから「誰そ彼」「彼は誰」と言ったことから成立したという。ほの闇の時は「大禍時《おおまがとき》」（「逢魔が時」とも）といい、不吉な神・魔物に出逢いやすいとされたから、「誰そ彼」「彼は誰」の「彼」は人間でなく魔物を指したのかも知れない。（森）

風の名

風は季節によって吹く向きが異なる。だいたい春は東風、夏は南風、秋は西風、冬は北風と意識されてきたようだ。これには中国の五行《ごぎょう》説の四季と四方の対応の観念も関与している。方角だけで風の名になる場合もあって、「西」といえば西風のことである。東風は「こち」、南風は「はえ」ともいった。風向きや風の寒暖で季節の到来を知るということもあった。「こち吹かばにほひ起こせよ梅の花…」と菅原道真が歌に詠んだように、東風が吹けば春で、梅が咲き出す習いだった。中国の『礼記』の月令には、春が来ると「東風凍を解く」と見える。春の東風は低地から山へ向かって吹くから「谷風」ともいった。『古今集』以降の勅撰集では、秋の巻の初めには風の歌が並ぶ。「秋来ぬと目にはさやかにみえねども風のおとにぞおどろかれぬる」は、『古今集』の秋の巻の冒頭に置かれた歌である。秋は特に風とともに来るのである。秋の初めの台風を含めた強風は、古典語に「野分《のわき》」といっている。季節の風の名は和歌では「秋風」が圧倒的に多いが、「春風」もある。冬の「吹雪」は平安時代の末ごろから見える。「嵐」は季節に関係なく強い風をいう。『万葉集』から見えている。その他に季節と関連する風として、春には、最初に吹く強風を「春一番」、それを含め春の強風を「春はやて」、木が芽ぶく頃の風を「木《こ》の芽風」、春夏の緑を吹く風を「葉風」「青嵐」などという。秋には「雁渡し」という風があって俳句の季語に用いられた。晩秋初冬には「木枯らし」が吹く。『源氏物語』にすでに見えている。吹く時の定まった風を和歌では「時つ風」と言った。大相撲の部屋の名にもなっている風はまた土地柄をよく表す。『万葉集』には「明日香風」「佐保風」「初瀬風」（以上大和）、「比良山風」（近江）、「伊香保風」（上野）など、地名を背負った風の名が見える。「山風」「川風」「浜風」「浦風」など地形に関係させた風もある。地方固有の風としては、東日本の太平洋側に夏に吹く北風「やませ」、北関東に冬に吹く乾燥した風「からっ風」、山陰から北陸にかけての海岸に春から夏にかけて吹く「あいの風」などが名高い。『万葉集』に「あゆの風」と見えるのもこの「あいの風」かという。海から吹く風で、海の幸を運ぶ「饗《あえ》の風」の意味かといわれる。柳田國男の「風位考」には東海地方にもこの語が伝わるとして、「愛知」という地名の古形「あゆち」もこれによるという。

風の止んだ時を「凪《なぎ》」という。ことに「朝凪」と「夕凪」が意識されたようである。

また風は便りを運んだり、悪い病気をもたらしたりする。『万葉集』には旅人が故郷の方角から吹く風を慕って「家風」と言った例、また幼い子供の死を「よこしま風」が覆い来たせいだと詠んだ例が見える。中国にも「風信」という語があり、日本語にも「風の便り」という語がある。

風は農耕にとっても恐るべきもので、風の神を祭ることも古代から行われた。大和の竜田神社の風神祭は、律令国家の重要な祭祀であった。（森）

雨

時代物の映画やテレビを見ていると、しばしば雨の場面に出会う。『剣客商売』で、居酒屋で差し向かいに酒を酌み交わす親子が、障子の窓を開けて雨を見る場面があった。ガラスがない時代だから、雨を見るには障子を開けるほかかない。湿気も入ってくるだろうなと思った。

西アジアの国々にいくつか行ったことがあるが、太陽の暑さを感じるとともに、日影の涼しさも感じた。そういう所から日本に帰ってくると、湿気を強く感じる。日本は雨の多い国なのがよくわかる。それゆえ緑が豊かだ。ただ西アジアの国々の空の青さは気持ちがいい。まさに抜けるような青さである。ターキッシュブルー、ペルシャンブルー、エジプシャンブルーなどと青に名が与えられている。

雨の多い日本では雨に関する言葉も多い。五月雨、梅雨、時雨などは季節の雨をいう。夕立、霧雨なども ある。

雨の降り方をいう言い方もある。「そほ降る雨」はしとしと降る状態で、「おやみなく降る」は中断することなく降り続ける状態である。この「そほ降る」と「お（を）やみ」の二つの言葉をもつ歌がある。

春雨のそほ降る空のをやみせず落つる涙に花ぞ散りける　（新古今　春下・一一九）

（春雨がしとしと降る空の晴れ間もない、止むことなく落ちる涙の中に花が散ることだ）

この歌は「春雨の降るは涙か桜花散るを惜しまぬ人しなければ（春雨が降るのは、桜の花が散るのを惜しんでだろうか。惜しまぬ人は誰もいないのだから）」（古今　春下・八八）を本歌とする。本歌取りという『新古今和歌集』の技法は、古典の世界を抱え込んで、和歌形式三十一文字というわずかな内容しか表現できない世界を広げようとしたものとでも言えばいいかもしれない。「おやみなく」は接頭語のオ（ヲ）と「止む」で、ちょっと止むの意の一つの言葉を形成したことが「をやみせず」という言い方でわかる。その形容詞形が「お（を）やみなく」である。

「逢い引き」の項で、月夜に逢い引きをすることを述べたが、雨の夜は逢い引きできないということである。結婚式に当たる三日の餅の夜、どしゃ降りの雨になってしまった場面が『落窪物語』にある。落窪の姫君に仕えるあこきは少将に仕える帯刀に、どうしても少将を来させるようにいう。少将は白い着物だけ着て、傘をさして出かける。傘をさすはともかく、白い着物だけというのは外出の姿ではない。これは雨の夜の外出には特別な姿をしなければならないことを示している（古橋『雨夜の逢引』大修館書店、一九九六年）。話としては、警護で巡回している検非違使に盗人と間違われ、道ばたに跪《ひざまず》かせられて、馬や牛の糞だらけになるというように笑い話的に展開する。ついでに、平安京の道ばたには牛や馬の糞があったことがわかる。

『源氏物語』帚木の巻の「雨夜の品定め」は梅雨の頃、宮中で物忌みが多く、雨の夜に男たちが女の体験譚を語り合うという場面だが、雨の夜に籠もって物語を語るということがあったと考えたほうがいいと思っている。（古橋）

曖昧なさまを指すことば

日本語には二つのものの間の、どちらつかずの領域を言い表すことばがいろいろある。夜と朝の間に「あけぼの」という時がある。夜明けの光ほのかな時、という意味である。「ほのぼの」という語もあり、「ほのか」という語もできたが、元来「ほの」という語があったらしい。「ほのぼの」は、ぼんやりした明度や知覚をいうことばであった。『源氏物語』(夕顔)の中で、夕顔が咲く垣根をはさんで、光源氏と夕顔の女君が歌を贈答する場面がある。

寄りてこそそれかとも見めたそがれにほのぼの見つる花の夕顔

(近寄ってこそそれだと分かりましょう。たそがれにぼんやりご覧になった夕顔は)

これは光源氏が「近寄って目に見てこそ私が誰か分かるでしょう」と、顔を出さない女君を誘う歌である。夕方の薄闇の中に咲く夕顔に自分をなぞらえている。「ほのぼの」はその薄闇に隠れた夕顔の花のようすを言う。また「ほのめかす」ということばもある。遠回しな言い方をして、それとなく気づかせることである。

曖昧領域にあるものは、どちらつかずではっきりしない。「ほの」に似た古いことばで「おほ」という語があり、『万葉集』には「おほに見る」(ほのかに見る)といった例がある。この「おほ」は「おぼおぼし」「おぼろ」「覚え」「おぼめかす」などの語を生んでいった。「おぼめかす」は「ほのめかす」とほぼ同義のことばである。「薄い」も似たことばで、「うすうす気がつく」

「うす紫」「うすら寒い」などと用いられる。

「おぼめかす」「ほのめかす」などの「めかす」の自動詞形「めく」も、それらしい性格を帯びる意味であり、曖昧領域を表す。「春めく」「つやめく」「いろめく」「どよめく」などと、いろいろな語の下について、それらしい気配を示す。「つやめく」「いろめく」は何となく艶美な様子を帯びることであるが、「いろめく」は異性を魅惑する意味にもなり、包んでいた感情をそれとなく表に出すことにも用いる。「おめかし」は化粧をしたり着飾ったりなど、身体に手を加えて普段とは違う姿になることだ。

「春めく」に関係することばで「小春」ということばがある。「小春日和」といえば冬、ことに初冬の春めいた暖かい日和を指す。「小」は「小寒い」「お暗い」のコ・オのように用いられ、これも曖昧領域を表す。規模や程度が小さいことをいうのである。

『枕草子』の冒頭章段には、「紫だちたる雲の細くたなびきたる」（紫がかった雲が細く棚引いている）様を、春のあけぼのの趣として挙げている。この「紫だつ」の「たつ」は「立つ」から来たことばで、気配や色あいが現れることをいう。これも「めく」に似た曖昧領域を表すことばといえそうだ。「野分だちてにわかに肌寒き夕暮」（野分めいて急に肌寒い夕暮）、「田舎家《ゐなかいへ》だつ柴垣して」（田舎の家めいた柴垣を作って）といった例が『源氏物語』に見える。古典には多いが、現代語でも「主だった人」などと言う。

その他にも「ほど」「頃」「ぐらい」「やや」「ぶくみ」などといったことばを語頭・語尾に添えて、漠然とした程度や大まかな傾向を言ったりする。（森）

敬語

敬語が多用されるのは日本語の特徴らしい。「なさる」「られる」などを語尾に付ければ尊敬した言い方になるし、語頭に「お」を付ければ丁寧な言い方になる。さらに「申し上げる」など謙譲語もある。いろいろ煩わしいが、人間関係が滑らかになるだろう。英語などにはそういうものはないという。しかし映画やテレビドラマで、たとえば警部に巡査部長は必ず最後に「サー」と付ける。これは敬語に当たるだろう。歩いていて人にぶつかりそうになった際、「アイ・アム・ソーリー」という場合と、単に「ソーリー」という場合がある。これは「すみません」と丁寧にいうのと、「失礼」というのに当たるだろう。敬語がないわけではない。敬語は相手や場との関係において発せられるものだから、当然である。

といって、やはり日本語には敬語が多い。その理由は平安期の「ひらがな体」の文学の隆盛によるのではないかと考えている。というのは、「ひらがな体」の文学は漢詩文に対応するもので、漢詩文の文体とひらがなの文体とが並列していた。漢詩文は書くものだから文語体といってみれば、「ひらがな体」は口語体であった。そして律令などの公的な文書が漢詩文であったから、「ひらがな体」は私的な文体としての役割をもっていた（古橋『日本文学の流れ』岩波書店、二〇一〇年）。

それゆえ「ひらがな体」の文体は語られる表現、話される表現のあり方を意識的に活かすものとして発達していった。日本語に主語が明確でないといわれるのも、話し言葉においては分かるから省略してしまうことによっている。話し、語るは場によって異なってくる。つまり場の表現としての特徴を出そうとする。そうすると、その場の関係が重要な要素になってくることになる。一番高い身分の人がその場の中心になるから、そこから関係がきめられていく。たとえば天皇が場にいる場合、その場自体が最高のものになっているから、まず場に対する敬語である丁寧語が基本になる。そして話し手は自分についてはは謙譲語を使う。天皇に対してはもちろん最高の尊敬語で話さなければならない。次に、話題になっていることにおいて、人物が登場すれば、その人物が自分より身分が高ければ尊敬語が必要である。その人物が天皇に何かしたとすれば、その人の行為には謙譲語も必要になる。といった具合に敬語はきめ細かに使用される。

このような「ひらがな体」の文学が王朝が権力を失った後も、文化的な拠り所であり続けたため、文体の基本となっていったのである。そしてその文体は近代になって新しい口語体が生まれるまで千年も続いたのである。

最近は敬語を使いこなせる人が減っている。たとえば、インタビュアーは相手を立てるものなのに、「ふだんは何をしているか話してもらえますか」程度に丁寧語しか使えない場合が多い。「もらう」が尊敬の意味をあらわしていると考えているのだろう。もちろん「いただく」である。「何をなさっていらっしゃるのか、お話ししていただけますか」までは無理でも「話していただけませんか」くらいはいえたほうがいいと思う。気にしなくなっているといえばそれでいいのだが、相手に対する繊細な態度が失われているように思える。（古橋）

擬声語・擬態語

「ぎしぎし」「はたはた」など、ものがたてる音をそのまま写したことばを擬声語（擬音語）といい、「うねうね」「すかすか」など、ものの様態を写したことばを擬態語という。「ぎしぎし」は古く「きしきし」とも写された。『枕草子』に「（墨の中に）石のきしきしときしみ鳴りたる」のを、憎きものの例に挙げている。その「きしきし」から「きしむ」という語ができた。同様に「はたはた」から「はためく」「旗」が、「うねうね」から「うねる」「畝」という語ができた。「ざわざわ」は古く「さわさわ」といったらしく、『古事記』の歌謡に例がある。その語から「騒く」（後代には、騒ぐ）ができた。「さやか」の項にも書いたが、「さやさや」からは「さやぐ」という動詞だけでなく、「さやけし」「さやか」などの形容詞・形容動詞も生まれた。

そのように見てくると、擬声語・擬態語から派生したことばも相当に多いだろうと想像される。「ぎしぎし」「きしきし」は元来は擬声語であろうが、ものが密集して間隔の詰まった状態を表す擬態語としても働くから、「きっしり」「ぎっしり」「きっちり」「きちんと」といったような語も、これから派生したと見られる。これらの派生語も擬態語の範囲に入れてよいだろう。だいたい擬声語と擬態語はどこかで繋がってもいる。擬声語でありながら擬態語としての性格も兼ね備えた例は多い。「ごつごつ」「ぐらぐら」「べたべた（べとべと）」などは、擬声語とも見られるし擬態語とも見られる。なぜ両者はこのように密接なのかといえば、多分人の感覚は、音だけを聞いても、そこからそのものの状態、姿、肌触りなどをすぐさま連想するように働くからであろう。「ぽちゃり」という音から、我々はたやすく岸の石ころが池に落ちて重たそうに跳ね上がる水の姿を連想することができる。連想力はさらに伸びて、その重たそうな小さな飛沫の姿から、例えば少し重たそうだが可愛い少女のふくらんだ頬を「ぽっちゃりした頬っぺ」と言い、そういう頬の少女も「ぽっちゃりした子」という。擬声語や擬態語は比喩の起源であるとも考えられる。

擬声語や擬態語は時代とともに変わり新しいものが作られる。鳥獣の鳴き声の聞きなし（人の言葉として意味あるものに聞きなすこと）も一種の擬声語であるが、時代によっていろいろに変化している。『万葉集』には烏の声をコロクと聞きなし、「子ろ来」（恋しい男が来る）の意味にとった例がある。犬も平安時代の『大鏡』には「びよ」と鳴いたと見える。「わんわん」は江戸時代になってからのことと、日本語学者山口仲美氏は言う（『犬は「びよ」と鳴いていた』（光文社新書、二〇〇二年））。

童謡『七つの子』の「可愛《かわい》 可愛《かわい》と 烏は啼くの」の「可愛」も聞きなしである。ついでにいえば、烏の声を「カーカー」と聞くのが現代のわれわれには一般的だが、『枕草子』にも「かか」とあり、同じと考えていい。烏は「カラ＋ス」で、カラは鳴き声から、スはカケス、ウグイス、ホトトギスとあるように鳥をあらわす接尾語であろう。英語でもクロウであり、たぶん烏の鳴き声をカ行で聞くのは世界中で共通している。（古橋）

あとがき

三年前のこと、青灯社の辻一三氏の誘いを受けて、私ども二人は『万葉集百歌』という共著を出版した。幸い多くの読者を得ることができてうれしかった。その折の話し合いの席でたまたま古語について私の口にしたことが、辻氏の記憶に残っていたらしい。昨年の春、同氏から、「古くから使われてきた、残したい日本語を選んで、エッセー風にまとめてみないか。一人で書いてもよいし、共著でもよい」というお誘いのメールが届いた。大変心を動かされた。

しかし多数のことばを選び出し、その用例を探索するのは一人では容易でない。三年前の楽しい共同作業の思い出がよぎり、また古橋信孝氏と二人でやってみたいと思った。昔研究仲間たち多数と『古代語誌』（おうふう）という本を二冊出版した時、古橋さんと私はともにその編集スタッフの中に居た。その時のノウハウが氏と一緒なら生かせられるとも思った。古橋さんは、大著『日本文学の流れ』（岩波書店）を完成された直後で、休息が欲しい時であったはずなのに、快諾してくれた。お蔭でまた楽しい仕事ができた。氏に感謝したい。

ことばの乱れを嘆く人は多い。私もまた、年齢からしても、古典文学の研究に携わってきて身についた自身の語感からしても、受け入れがたいと感じることばに出逢うことは多い。しかしまた、そう頑なになることはないのではないか、と思い直すこともある。乱れを排除したら闊達なことばの働きは失われ、われわれのいきいきした心も多分失われる。本書の執筆を進めながら、日本語の歴史や語感について、随分考えた。日本語は長い歴史を通じ、けっこうその本質はしっかり受け継がれてきている、という感じを持った。これは大きな収穫だった。と同時に、使われてきた歴史を考えるとその重みや美しさが分かって、大切に残したいという気持ちになることばも多かった。そういうことばをかえりみることは、きっと、今日の言語生活にある種の緊張感をもたらすように思われる。それやこれや、本書をなかだちにして、多くの読者と日本語について考え直す機会が共有できれば、まことにうれしい。

終わりに、興味深い企画に誘って下さり、執筆・校正の間、終始暖かい気配りをいただいた辻氏に、心から謝意を表したい。（森　朝男）

私は乱れた言葉というような発想はもっていないつもりだが、美しい言い方、言葉に対しては敏感だと思う。もちろん、美の基準は私のもので、どれだけ普遍性があるかわからない。しかし、古典だけでなく、翻訳を含めて現代の文学まで読み続けてきたことによって養われ、鍛えられた感性はあると思っている。今でも推理小説、時代小説などは多量に読んでいる。文学の基本は表現と物語のおもしろさにあり、そういうものに対する感性を失いたくないからでもある。

言葉は実用性ももっている。だから使われない言葉や言い方は消えていく。そして書き言葉としてだけ残っているものもある。高校で文語といえば古典文学の言葉を意味するが、文章の言葉を文語という。口で話す言葉を口語というのと対をなしている。書き言葉は文の規範がなければ書けないので、古くからの文章に基づいている場合が多いから、必ずしも誤りではない。しかし、日本の場合、近代化が外部的状況で急がねばならなかったゆえ、口語と文語の乖離が深く抱えられたのではないか。

前近代と近代の隙間も同じである。どこかで日本的なものへの否定がつきまとっているように思える。私は古典文学研究に携わることによって、近代を相対化する視点を身につけたと思っている。古典文学は近代文学と異なる面を多くもっている。若い頃から文学史が知りたかったが、六十代になってようやく両方を見渡せる視点が可能になった。

今回、森さんに誘われて、「残したい日本語」を選び、書くにあたっても、美しいとは別の批評的な視点が出ているのはそのためだ。しかし、批評を目的とした本ではないので、だいぶ感情移入をした文体になった。そういう文体で書くのもそれなりにおもしろい。

『万葉集百歌』に続いて、辻、森と私のトリオでの本作りになった。だいたい同世代で心おきなく仕事ができるのはたのしい。（古橋信孝）

森朝男（もり・あさお）　現在、フェリス女学院大学名誉教授。一九四〇年生まれ、早稲田大学大学院博士課程修了。著書『万葉集』（加藤中道館）『古代和歌と祝祭』（有精堂出版）『古代文学と時間』（新典社）『古代和歌の成立』（勉誠社）『恋と禁忌の古代文芸史』（若草書房）ほか。

古橋信孝（ふるはし・のぶよし）　現在、武蔵大学特任教授。一九四三年生まれ。東京大学大学院博士課程修了。著書『古代の恋愛生活』（ＮＨＫブックス）『吉本ばななと俵万智』（筑摩書房）『万葉集の成立』（講談社学術文庫）『平安京の都市生活と郊外』（吉川弘文館）『誤読された万葉集』（新潮新書）『日本文学の流れ』（岩波書店）ほか。

古橋信孝・森朝男『万葉集百歌』（青灯社）

残したい日本語

2011年3月20日　第1刷発行

著者　森 朝男・古橋信孝

発行者　辻一三

発行所　株式会社青灯社

東京都新宿区新宿 1－4－13

郵便番号 160－0022

電話 03－5368－6923（編集）

03－5368－6550（販売）

URL http://www.seitosha-p.co.jp

振替　00120－8－260856

印刷・製本　株式会社シナノ

ISBN978－4－86228－049－7 C1081

小社ロゴは、田中恭吉「ろうそく」（和歌山県立近代美術館所蔵）をもとに、菊地信義氏が作成